U0658215

新时代职业教育课证融通新形态一体化教材

经典晨读

主 编 白冰兰

西北工业大学出版社

西安

【内容简介】 本书聚焦于提升中职生的人文素养和职业素养,旨在引导中职生从博大精深的中华传统文化中汲取思想营养,培养高尚的道德品质,塑造完善的人格。全书分为十个主题单元,分别为家国情怀、大好河山、勤学惜时、崇德修身、孝悌忠信、礼义廉耻、乐观自信、自强不息、笃行致远、敬业乐群。每个单元选取了紧扣主题的经典文本并配以丰富的栏目进行注释和解读,帮助学生更好地理解和把握经典文本。

本书既可作为中等职业学校学生的晨读用书,也适合广大社会青年阅读。

图书在版编目(CIP)数据

经典晨读 / 白冰兰主编. -- 西安 : 西北工业大学出版社, 2024. 8. -- ISBN 978-7-5612-9448-2

Ⅰ. G634.333

中国国家版本馆 CIP 数据核字第 2024UW0350 号

JINGDIAN CHENDU

经 典 晨 读

白冰兰　主编

责任编辑:隋秀娟　马婷婷　　　　装帧设计:薛静怡
责任校对:万灵芝
出版发行:西北工业大学出版社
通信地址:西安市友谊西路 127 号　　　邮编:710072
电　　话:(029)88491757,88493844
网　　址:www.nwpup.com
印 刷 者:河南理想印刷有限公司
开　　本:889 mm×1 194 mm　　　1/16
印　　张:10.5
字　　数:310 千字
版　　次:2024 年 8 月第 1 版　　　2024 年 8 月第 1 次印刷
书　　号:ISBN 978-7-5612-9448-2
定　　价:37.80 元

如有印装问题请与出版社联系调换

2018年9月10日,习近平总书记在全国教育大会上指出,新时代新形势,改革开放和社会主义现代化建设、促进人的全面发展和社会全面进步对教育和学习提出了新的更高的要求。中等职业教育不仅为国家培养及储备应用技术水平过硬的基础性人才,更为我国社会主义事业培养建设者和接班人,使广大中等职业学校学生(简称"中职生")成为为中国特色社会主义事业奋斗终生的有用人才。

中国共产党第二十次全国代表大会(简称"党的二十大")提出:"育人的根本在于立德。"中等职业学校应围绕"立德树人"这一教育根本任务,引导中职生全面、深入认识和传承中华优秀传统文化,激励学生志向高远、敢于担当、不懈奋斗、勇于创新,使学生树立为祖国繁荣昌盛、为人类和平进步而不懈奋斗的理想信念。

本书以培育和践行社会主义核心价值观为引领,以传承和弘扬中华优秀传统文化、培养职业精神、培育工匠精神、提升人文素养为主线,选取了我国优秀传统诗词、近现代名家名文和部分外国经典名篇,分为家国情怀、大好河山、勤学惜时、崇德修身、孝悌忠信、礼义廉耻、乐观自信、自强不息、笃行致远、敬业乐群十个主题单元,旨在引导中职生求真理、悟道理、明事理,增强中职生的审美能力、思维能力和语言能力,使其形成良好的思想道德品质、人文素养和职业素养。

具体而言,本书具有以下特点。

1.素质引领,铸魂育人

本书积极落实"立德树人"的根本任务,有机融入党的二十大精神,充分挖掘课程中的思政元素,引导学生树立正确的世界观、人生观、价值观。主题设置不仅涵盖孝悌忠信等中国传统的价值取向,还强调实干精神和职业精神,充分彰显职业教育特色,引导学生坚定理想信念、加强品德修养,全面培养学生的人文素养和职业素养,提高学生的综合素质。

2.选文经典,题材广泛

本书主要参考古典诗词鉴赏辞典、中外文学作品选等比较权威的著作,选取大量体现深刻思想内涵和独到审美趣味的经典诗文,以主题单元的形式进行组织和编排,易记易诵,符合中职生的认知发展、思维发展和兴趣特点。选文体裁类型丰富多样,包括古典诗词、散文、诗歌、小说等,在吸引学生阅读兴趣的同时增强学生的文学素养。

3.体例丰富,可读性强

本书每个单元内容紧扣主题,分为"经典诵读"与"美文赏读"两个部分。其中,"经典诵读"部分选取了契合单元主题的中华传统诗文,灵活设置了"作者(或作品)档案""原作诵读""难点注释""古文今译""作品解读"等栏目,帮助学生快速了解诗文的思想内涵,扫清阅读障碍。"美文赏读"部分以近现代名家名文为主,选取了国内外的经典文学作品,并根据所选文章特点灵活设置了"作者(或作品)档案""原文赏读""难点注释""作品解读"等栏目,丰富学生的阅读积累,增强学生的阅读兴趣。此外,本书各单元设置了"单元导语""名句荟萃""单元寄语"栏目,部分单元还设置了"阅读随感""阅读故事"栏目,引导学生积极思考、抒发感悟,增强可读性和趣味性。

在编写本书的过程中,笔者参考和借鉴了许多专家学者的专著和研究,在此对他们表示衷心的感谢!

由于笔者水平有限,书中难免存在不妥和疏漏之处,敬请广大读者批评指正。

编　者

2024 年 5 月

CONTENTS 目 录

主题单元一

家国情怀——愿得此身长报国

单元导语

纵观悠久而辉煌的中国文学史，家国天下是永恒的主题。早在先秦文学中就有关于爱国主义的作品，如充满保家卫国豪情的《秦风·无衣》中的"岂曰无衣？与子同袍。王于兴师，修我戈矛，与子同仇"，追悼阵亡战士的祭歌《九歌·国殇》中的"身既死兮神以灵，魂魄毅兮为鬼雄"。唐宋时期更是涌现出一大批爱国主义文学家，如写出"黄沙百战穿金甲，不破楼兰终不还"的王昌龄，写出"夜阑卧听风吹雨，铁马冰河入梦来"的一心想要收复中原的陆游，等等。在近现代文学作品中，也有许多表现家国情怀的，如《我爱这土地》《新纪元》等。

爱国是人世间最深层、最持久的情感，是一个人立德之源、立身之本。青少年要想建功立业、成就人生，就必须爱国爱民，矢志为党、为人民、为祖国永久奋斗、赤诚奉献。

经 典 诵 读

诵读篇目一　无衣

诵读日期：_____

心得感悟：_____

_____

❋ 作品档案 ❋

《无衣》选自中国最早的一部诗歌总集《诗经》。《诗经》本只称《诗》，因被儒家列为经典之一，故称《诗经》。《诗经》中收录从西周初年到春秋中叶的诗歌共305篇，在内容上分为《风》《雅》《颂》三大类。《风》有十五国风，大都是民间歌谣；《雅》分《大雅》《小雅》，是宫廷乐歌；《颂》分《周颂》《鲁颂》《商颂》，是宗庙祭祀的乐歌。诗篇形式以四言为主，运用赋、比、兴的手法。《诗经》对中国文学的发展有深远的影响，且具史料价值。

《无衣》是一首秦地的军中战歌，表现了秦国军民团结互助、共御外侮的高昂士气和乐观精神。

《原作诵读》

无衣

〔先秦〕诗经·国风·秦风

岂曰无衣？与子同袍①。王②于兴师③，修我戈矛，与子同仇④。

岂曰无衣？与子同泽⑤。王于兴师，修我矛戟⑥，与子偕作⑦。

岂曰无衣？与子同裳⑧。王于兴师，修我甲兵⑨，与子偕行⑩。

——选自《四书五经》，孔丘等著，陈戌国点校，岳麓书社，2022，第273页。

❋ 难点注释 ❋

①袍：长袍。将士白天当外衣穿，晚上当被子盖。

②王：此指秦国国君。一说指周天子。

③兴师：起兵。

④同仇：共同对敌。

⑤泽：同"襗(zé)"，指贴身穿的衣服，如今指汗衫。

⑥戟(jǐ)：中国古代兵器，将戈(gē)、矛合成一体，既能直刺，又能横击。

⑦作：起。

⑧裳：下衣，此指战裙。

⑨甲兵：铠甲与兵器。

⑩行：往。

古文今译

谁说我们没有衣服穿？与你同穿那战袍。君王出兵去征战，修整我那戈与矛，与你共同对敌。

谁说我们没有衣服穿？与你同穿那汗衫。君王出兵去征战，修整我那矛与戟，与你一起出发。

谁说我们没有衣服穿？与你同穿那战裙。君王出兵去征战，修整甲胄与兵器，杀敌与你共前进。

作品解读

全诗风格矫健爽朗，采用了重章叠唱的形式，抒写将士们在大敌当前、兵临城下之际，以大局为重，一听到"王于兴师"，即刻磨刀擦枪，舞戈挥戟，奔赴前线共同杀敌的英雄主义气概和爱国主义精神。

诵读篇目二　白马篇

诵读日期：＿＿＿＿＿＿＿＿＿＿＿＿＿＿＿＿＿

心得感悟：＿＿＿＿＿＿＿＿＿＿＿＿＿＿＿＿＿

作者档案

曹植(192—232)，字子建，沛国谯县(今安徽亳州)人，三国时期著名的文学家，建安文学的代表人物和集大成者。魏武帝曹操第三子，魏文帝曹丕之弟。生前被封为陈王，谥号为"思"，世人又称"陈思王"。曹植因才思敏捷，早年备受曹操宠爱，一度欲立为太子。因此曹丕、曹叡相继为帝后，曹植备受猜忌，郁郁而终。其诗善用比兴手法，语言精练而辞采华茂。他的早期作品多写人生抱负和宴游之乐，也有少部分反映了社会动乱；后期作品集中反映其受压迫的苦闷和对人生悲观失望的情感。代表作有《洛神赋》《白马篇》《七步诗》《七哀诗》等。

《原作诵读》

白马篇

〔三国〕曹植

白马饰金羁①，连翩②西北驰。

借问谁家子？幽并③游侠儿④。

少小去乡邑，扬声沙漠垂⑤。

宿昔⑥秉良弓，楛矢⑦何参差。

控弦破左的⑧，右发摧月支⑨。

仰手接飞猱⑩，俯身散马蹄。

狡捷过猴猿，勇剽若豹螭⑪，

边城多警急，虏骑数迁移。

羽檄⑫从北来，厉马登高堤。

长驱蹈匈奴，左顾陵鲜卑。

弃身锋刃端，性命安可怀！

父母且不顾，何言子与妻！

名在壮士籍，不得中顾私。

捐躯赴国难，视死忽如归。

——选自《曹植集校注》，曹植著，赵幼文校注，中华书局，2018，第502—503页。

《难点注释》

①金羁(jī)：金饰的马络头。

②连翩：接连不断，这里形容白马奔驰轻捷迅疾的样子。

③幽并：幽州和并州。

④游侠儿：重义气、轻生死的青年男子。

⑤垂：边疆。

⑥宿昔：时常。

⑦楛(hù)矢：用楛木做杆的箭。

⑧左的：左边的箭靶。

⑨月支：一种箭靶的名称。

⑩接飞猱(náo)：凡物飞迎前射之为接。飞用于形容动作敏捷。猱是一种猿类，行动便捷，善攀援。

⑪螭(chī)：传说中的猛兽。

⑫羽檄(xí)：檄是军事方面用于征召的文书，插上羽毛表示军情紧急，所以叫羽檄。

《古文今译》

骑着佩戴了金色络头的白马，飞快地向西北驰去。

请问他是谁家的孩子？他是幽州和并州侠肝义胆的好男儿。

他从小离开家乡,在边疆一带声名远播。

他时常良弓在手,腰间带着参差不齐的楛木箭。

拉开弓就射中了左边的目标,向右放箭摧毁了箭靶。

向上迎面射中攀援如飞的猴子,俯下身射碎了箭靶。

他矫健敏捷赛过猿猴,又勇猛轻疾如同豹螭。

边境多次传来警报,北方部族屡次进兵入侵。

紧急征召的文书从北方频频传来,他策马登上高坡。

长驱直入捣匈奴,向东回师又制服鲜卑。

他把自己置于锋利的刀刃下,为国效力又怎能顾惜性命?

父母尚且不得顾念,更何况儿女和妻子!

既然名字已经列入壮士的名册,心中不能只想着自己的私事。

为国家危难奋勇献身,牺牲了就好像回归故里!

作品解读

作者在这首诗中塑造了一个英武矫健、勇于为国献身的游侠儿的形象,体现了其渴望保家卫国、建功立业的人生理想。开篇两句中,作者用雄健的战马侧面烘托出游侠儿的英武,战马向西北疾驰而去说明军情紧急,紧张的战争气氛油然而生。当读者正在想象这位英雄是如何在边关建功立业时,作者却笔锋一转,插叙一段,使诗歌波澜顿生。"借问谁家子?幽并游侠儿。少小去乡邑,扬声沙漠垂。"作者自问自答,点明这位英雄的身份、来历和美好的名声。从"宿昔秉良弓"到"勇剽若豹螭",描写了这位英雄高超的骑射技艺,不仅说明其"扬声沙漠垂"的原因,也为后文凯旋得胜做了铺垫。从"边城多警急"到"左顾陵鲜卑",描写了这位英雄用兵如神,似乎毫不费力就捣毁敌营。诗的末尾八句揭示了这位英雄的内心世界。他之所以能够克敌制胜,不仅是因为他武艺高超,更重要的是他具有公而忘私、为国捐躯的崇高精神。"捐躯赴国难,视死忽如归"是诗中游侠儿的心理活动,也是作者的自白。

阅读随感

敢作敢为,让青春因担当而厚重。莘莘学子只有把人生理想融入国家和民族的建设中,才能成就一番事业。青年兴则国家兴,青年强则国家强。中国梦是历史的、现实的,也是未来的,更是青年一代的。当代青少年要牢牢把握人生航向,脚踏实地,团结拼搏,锐意进取,让美好青春在实现中华民族伟大复兴中国梦的进程中绽放出更加绚丽夺目的光彩。

阅读故事

《七步诗》的故事

南朝刘义庆等人所编的《世说新语·文学》中记载:"文帝尝令东阿王七步作诗,不成者行大法。(植)应声便为诗曰:'煮豆持作羹,漉菽以为汁。萁在釜下燃,豆在釜中泣。本自同根生,相煎何太急?'帝深有惭色。"由于立太子时产生的矛盾,曹植和曹丕的关系紧张。曹丕继位后,对曹植进行了残酷迫害,曹植虽身为诸侯王,却不得随意行事,动辄得咎。七步诗的故事反映了曹丕对曹植的迫害,诗歌内容是曹植对种种迫害的悲愤控诉。

诵读篇目三　南园十三首·其五

诵读日期:＿＿＿＿＿＿＿＿＿＿＿＿＿＿＿＿＿＿

心得感悟:＿＿＿＿＿＿＿＿＿＿＿＿＿＿＿＿＿＿

＿＿＿＿＿＿＿＿＿＿＿＿＿＿＿＿＿＿＿＿＿＿＿＿

作者档案

李贺(790—816),字长吉,河南福昌(今河南宜阳)人。李贺是唐代著名的诗人之一,被誉为中国文学史上的"诗鬼",其诗歌以想象丰富、奇特,色彩浓烈而著称。

李贺的诗歌在艺术上有着独特的风格,如善于运用象征、暗示等手法,表达自己内心的感受和思考。其诗歌语言简练、形象生动,常常以奇特的比喻和形象的描写来表现主题;同时,也充满了浓厚的浪漫主义色彩,表达了对自由、爱情和生活的热爱和追求。

原作诵读

南园十三首·其五

〔唐〕李贺

男儿何不带吴钩①,收取关山五十州②?

请君暂上③凌烟阁④,若个⑤书生万户侯⑥?

——选自《历代名诗鉴赏·唐诗》(下),上海辞书出版社文学辞典编纂中心编,

上海辞书出版社,2018,第548页。

难点注释

①吴钩:一种头部呈弯钩状的佩刀。

②五十州:指当时被藩镇所占领割据的山东及河南、河北五十余州郡。

③暂上:一上,试上。

④凌烟阁:唐代旌表功臣的殿阁。贞观十七年(643年),唐太宗为表彰太原首义和秦府功臣,命阎立本

绘长孙无忌等二十四人画像于凌烟阁。

⑤若个:哪个。

⑥万户侯:受封食邑达一万户的侯爵,借指高位厚禄。

❖ 古文今译 ❖

男子汉大丈夫为什么不腰带武器,去收复黄河南北被割据的关塞河山五十州呢?

请你暂且登上那凌烟阁去看一看,又有哪一个书生曾被封为食邑万户的列侯?

作品解读

《南园十三首·其五》是一首近体诗。这首诗由两个问句组成,顿挫激越,而又直抒胸臆,酣畅淋漓地表达出家国之痛和身世之悲。

第一问是反问,也是自问,含有"国家兴亡,匹夫有责"的豪情。山河破碎,民不聊生,诗人怎甘蛰居乡间,无所作为?因而他向往建功立业,报效国家。

第二问则显示出更浓郁的牢骚意味,表面上看,诗人是从反面衬托投笔从戎的必要性,实际上是进一步抒发了其怀才不遇的愤激情怀。由昂扬激越转入沉郁哀怨,既运用反衬的笔法,又叠加起伏的节奏,峻急中作回荡之姿。诗人把自己复杂的思想感情表现在诗歌的节奏里,加深了语气,更深化了主题。

阅读故事

布袋诗人

唐朝著名诗人李贺,七岁就能即席赋诗。据说他经常身上背着布袋,骑着小毛驴,到处游历,观察生活。每当触景生情或想到好的句子,就随手记在纸上,然后放入布袋。等晚上回到家中,就点上灯,把布袋里的纸条全部取出来,然后将零散的诗句加工成一首首完整的诗。

宋代诗人梅尧臣,外出时也少不了带上一个小布袋。每当读到佳句妙语,就把它们写在纸片上,然后投入小布袋中。作诗时便从小布袋中取出所记的纸条,或予以引用,或启发思维,终成一位出色的诗人。

诵读篇目四　谏太宗十思疏

诵读日期:＿＿＿＿＿＿＿＿＿＿＿＿＿＿＿＿

心得感悟:＿＿＿＿＿＿＿＿＿＿＿＿＿＿＿＿

＿＿＿＿＿＿＿＿＿＿＿＿＿＿＿＿＿＿＿＿

作者档案

魏徵(580—643),字玄成,巨鹿郡(今河北省巨鹿县)人。唐朝初年杰出的政治家,辅佐唐太宗李世民开创"贞观之治"。李世民为帝时,魏徵多次直言进谏,曾提出"兼听则明,偏听则暗""居安思危,戒奢以俭",主张"薄赋敛,轻租税""息末敦本""宽仁治天下"等,对李世民的施政具有重要影响。著有《隋书》序论,《梁书》《陈书》《北齐书》总论,主持修撰梁、陈、齐、周、隋史,主编《群书治要》。

原作诵读

谏太宗十思疏

〔唐〕魏徵

臣闻求木之长者,必固其根本;欲流之远者,必浚①其泉源;思国之安者,必积其德义。源不深而望流之远,根不固而求木之长,德不厚而思国之安,臣虽下愚②,知其不可,而况于明哲乎?人君当神器③之重,居域中之大④,不念居安思危,戒奢以俭,斯亦伐根以求木茂,塞源而欲流长也。凡昔元首,承天景命⑤,善始者实繁,克终者盖寡。岂取之易,守之难乎!盖在殷忧,必竭诚以待下;既得志,则纵情以傲物。竭诚则吴越为一体,傲物则骨肉为行路⑥。虽董⑦之以严刑,振⑧之以威怒,终苟免而不怀仁,貌恭而不心服。怨不在大,可畏惟人。载舟覆舟,所宜深慎。

诚能见可欲,则思知足以自戒;将有作⑨,则思知止以安人;念高危,则思谦冲⑩而自牧;惧满盈,则思江海下百川⑪;乐盘游,则思三驱⑫以为度;忧懈怠,则思慎始而敬终;虑壅蔽⑬,则思虚心以纳下;惧谗邪,则思正身以黜恶;恩所加,则思无以喜以谬赏⑭;罚所及,则思无以怒而滥刑。总此十思,弘兹九德⑮,简⑯能而任之,择善而从之,则智者尽其谋,勇者竭其力,仁者播其惠,信者效其忠。文武并用,垂拱而治⑰,何必劳神苦思,代百司之职役哉!

——选自《古文观止》,吴楚材、吴调侯编选,余红芳编译,江西教育出版社,2020,第122—123页。

难点注释

①浚(jùn):疏通。

②下愚:极愚昧无知的人,这里用作谦辞。

③神器:指帝位。

④居域中之大:处在天地间重要的地位上。域中,指天地间。

⑤景命:大命,指授予帝王之位的天命。

⑥行路:路人。

⑦董:监督。

⑧振:同"震",威吓。

⑨作:建造、兴建。这里指大兴土木、兴建宫室等一类事情。

⑩谦冲:谦虚。

⑪江海下百川:江海居于百川之下(而能容纳百川),比喻有度量,善于听取各方面的意见。

⑫三驱:按照周代礼制,天子以一年打三次猎为限度。驱,驱赶,即打猎。

⑬雍（yōng）蔽：隔绝蒙蔽，指下情不能上达。

⑭谬（miù）赏：滥赏，不恰当地奖赏。

⑮九德：指宽而栗、柔而立、愿而恭、乱而敬、扰而毅、直而温、简而廉、刚而塞、强而义九种道德标准。

⑯简：选拔。

⑰垂拱而治：无为而治。垂拱，垂衣拱手。

古文今译

臣听说要想让树木长得茂盛，就必须使它的根扎得牢固；要想让河水流得长远，就必须疏通它的源头；要想让国家安定，就必须广积德行和道义。河流的源头不深却希望河水流得长远，树木的根基不牢却希望树木生长茂盛，恩德不厚却希望国家安定，臣虽然十分愚笨，也知道那是不可能的，何况英明圣哲的人呢！帝王掌握国家大权，处在天地间重要的地位上，如果不能居安思危，不能戒奢侈而行节俭，那么就会像砍断树根却希望树木茂盛，堵塞源头却希望河水长流一样。

凡是自古以来的帝王，秉承天命，具有良好开端的确实很多，能够坚持到底的很少，难道是取得天下容易而守住天下困难吗？在创业时忧患深重，帝王必然会竭尽诚意对待下属；一旦得志功成，就会放纵情欲，轻视他人。用诚心与人交往，即使是吴国和越国也能结为一体；若是看不起他人，即使是骨肉至亲也会变成路人。在这种情况下，即使用严酷的刑罚来监督，用威严的权力来震慑，最终百姓只是苟且免于刑罚却不会感怀帝王的恩德，他们表面上态度恭敬，可是心里并不服气。怨恨不在于大小，可怕的是人心背离。百姓的力量像水一样，能拥戴帝王，也能推翻他的统治，所以应当高度谨慎。

（帝王）如果能够看到自己喜欢的东西就想到用知足以警诫自己；将要大兴土木时就想到要适可而止从而让百姓安定；考虑到身处高位常有危险时就想到谦虚待人并加强自身修养；害怕骄傲自满时就想到要像江海一样处于所有河流的下游以容纳百川；沉溺于打猎游乐时就想到打猎要一年不超过三次的法度；担心精神懈怠不能坚持到底时就想到要善始善终；忧虑下情不能上达时就要注意虚心听取臣下的意见；担忧谗佞奸邪之人败坏朝政时就想到要端正自身并摒斥邪恶；施恩时就想到不能因一时高兴而赏赐不当；惩罚时就想到不能因一时恼怒而滥用刑法。做到以上十点，弘扬九种美好的品德，选拔有才能的人而任用他，选择好的意见而听从他，那么聪明的人就会献出他的全部智慧，勇敢的人就会献出他的全部力量，仁爱的人就会广施他的恩德，诚信的人就会奉献他的忠心。文臣武将争相为国出力，帝王就可以无为而治。何必亲自耗费精力苦苦思索，代替百官去做他们应该做的事情呢！

作品解读

全文共三段。在第一段中，作者使用"求木之长者，必固其根本；欲流之远者，必浚其泉源"两个比喻句，巧妙地提出"思国之安者，必积其德义"的总论点，劝诫帝王要厚德、居安思危、戒奢以俭。

在第二段中，作者指出历代帝王在创建大业时都能善始，却很少有能克终的，原因在于他们在忧虑时竭诚以待下，而在得志时却纵情以傲物。帝王两种不同的态度必然会导致截然不同的后果，即"竭诚则吴越为一体，傲物则骨肉为行路"，作者以此劝诫帝王要注意人心向背。

在第三段中，作者列举了"十思"的具体内容，说明了怎样才能达到垂拱而治的效果。

文章富含哲理，说理透彻，用典贴切，词锋犀利，论述多用排比句，气势不凡。李世民阅此文后，深受感动，后将奏章放在案头，时时自警。

诵读篇目五　十一月四日风雨大作·其二

诵读日期：＿＿＿＿＿＿＿＿＿＿＿＿＿＿

心得感悟：＿＿＿＿＿＿＿＿＿＿＿＿＿＿＿＿＿＿＿＿＿＿＿＿＿＿＿＿＿＿＿＿＿＿＿＿＿＿＿

＿＿

❖ 作者档案 ❖

陆游(1125—1210)，字务观，号放翁，越州山阴(今浙江绍兴)人，南宋文学家、史学家、爱国诗人。陆游一生笔耕不辍，诗词文俱有很高成就，其诗语言平易晓畅、章法整饬谨严，兼具李白的雄奇奔放与杜甫的沉郁悲凉，尤以饱含爱国热情的诗作对后世影响深远。陆游亦有史才，他的《南唐书》，"简核有法"，史评色彩鲜明，具有很高的史料价值。著有《剑南诗稿》《渭南文集》《南唐书》《老学庵笔记》等。

❮ 原作诵读 ❯

十一月四日风雨大作·其二

〔宋〕陆游

僵卧①孤村②不自哀，尚思为国戍③轮台④。

夜阑⑤卧听风吹雨⑥，铁马⑦冰河⑧入梦来。

——选自《陆游诗词赏析》，王建忠主编，商务印书馆国际有限公司，2022，第 121 页。

❖ 难点注释 ❖

①僵卧：躺卧不起。这里形容自己穷居孤村，无所作为。僵，僵硬。

②孤村：孤寂荒凉的村庄。

③戍(shù)：守卫。

④轮台：在今新疆境内，是古代边防重地。此代指边关。

⑤夜阑(lán)：夜残；夜将尽时。

⑥风吹雨：风雨交加，和诗名中"风雨大作"相呼应；当时南宋王朝处于风雨飘摇之中，"风吹雨"也是时局写照，故诗人直到深夜尚难成眠。

⑦铁马：披着铁甲的战马。

⑧冰河：冰封的河流，指北方地区的河流。

古文今译

穷居孤村,躺卧不起,没有为自己的处境而感到哀伤,心中还想着替国家戍守边疆。夜深了,我躺在床上听到那风雨声,梦见自己骑着披着铁甲的战马跨过冰封的河流,出征北方疆场。

作品解读

此诗以"痴情化梦"的手法,深沉地表达了诗人欲收复国土、报效祖国的壮志和"年既老而志不衰"的矢志不渝的精神,展现了诗人的一片赤胆忠心,表明其投身抗战、为国雪耻的壮志至老不衰。但是,诗人空怀壮志,却不为朝廷所重,只能"僵卧孤村",把为国家恢复中原的理想寄托到梦境之中。全诗情调深沉悲壮,凝聚着诗人的爱国主义激情和报国无门的郁愤之意。

诵读篇目六　破阵子·为陈同甫赋壮词以寄之

诵读日期:＿＿＿＿＿＿＿＿＿＿＿＿＿＿＿＿

心得感悟:＿＿＿＿＿＿＿＿＿＿＿＿＿＿＿＿
＿＿＿＿＿＿＿＿＿＿＿＿＿＿＿＿＿＿＿＿＿＿

作者档案

辛弃疾(1140—1207),原字坦夫,后改字幼安,号稼轩,山东济南府历城县(今山东历城)人。南宋将领、豪放派词人,有"词中之龙"之称。与苏轼合称"苏辛",与李清照并称"济南二安"。

辛弃疾一生以恢复中原为志,以功业自许,却命运多舛、备受排挤、壮志难酬。其词风格沉雄豪迈又不乏细腻柔媚之处,题材广阔,抒写力图恢复国家统一的爱国热情,也倾诉了壮志难酬的悲愤,将满腔激情和对国家兴亡、民族命运的关切、忧虑,全部寄寓于词作之中。现存词六百多首,有词集《稼轩长短句》等传世。

原作诵读

破阵子·为陈同甫赋壮词以寄之

〔宋〕辛弃疾

醉里挑灯看剑,梦回吹角连营。八百里①分麾下②炙,五十弦③翻④塞外声。沙场秋点兵⑤。

马作的卢飞快⑥,弓如霹雳⑦弦惊。了却⑧君王天下事⑨,赢得生前身后名。可怜白发生!

——选自《唐宋词鉴赏》(第4版),王锺陵主编,四川辞书出版社,2022,第513页。

难点注释

①八百里:指牛。《世说新语·汰侈》记载:"王君夫有牛,名八百里驳,常莹其蹄角。王武子语君夫:'我射不如卿,今指赌卿牛,以千万对之。'君夫既恃手快,且谓骏物无有杀理,便相然可。令武子先射。武子一起便破的,却据胡床,叱左右速探牛心来,须臾炙至,一脔便去。"后世诗词多以"八百里"指牛。

②麾下:部下。麾:军旗。

③五十弦:本指瑟,泛指乐器。

④翻:演奏。

⑤点兵:检阅军队。

⑥马作的卢(dì lú)飞快:战马像的卢马那样跑得飞快。作,像……一样。的卢,马名。一种额部有白色斑点性烈的快马。

⑦霹雳(pī lì):特别响的雷声,比喻拉弓时弓弦响如惊雷。

⑧了(liǎo)却:了结,完成。

⑨天下事:此指恢复中原之事。

古文今译

醉梦里挑亮油灯观看宝剑,恍惚间又回到了当年,各个军营里接连不断地响起号角声。把酒食分给部下享用,让乐器奏起雄壮的军乐鼓舞士气。这是秋天在战场上阅兵。

战马像的卢马一样跑得飞快,弓箭像惊雷一样震耳离弦。我一心想替君主完成收复国家失地的大业,取得世代相传的美名。一梦醒来,可惜已是白发人!

作品解读

这首词通过创造雄奇的意境,生动地描绘出一位披肝沥胆、忠诚不贰、勇往直前的将军形象。词人通过追忆早年抗金部队的阵容气概以及自己浴血奋战的沙场岁月,表达了对杀敌报国、收复失地的坚定信念,抒发了壮志难酬、英雄迟暮的悲愤心情。

美 文 赏 读

赏读篇目一　我爱这土地

赏读日期:_____

心得感悟:_____

_____

❋ 作者档案 ❋

　　艾青(1910—1996),原名蒋正涵,字养源,号海澄,曾用笔名莪加、克阿、林壁等,浙江金华人。中国现代著名文学家、诗人,"七月派"的优秀代表。晚年出任中国作家协会副主席。著有《艾青诗选》《诗论》《艾青全集》等。诗作被翻译成 30 多种文字,在世界各地广为流传。1985 年获法国文学艺术最高勋章。

《原文赏读》

我爱这土地

艾青

假如我是一只鸟,

我也应该用嘶哑①的喉咙歌唱:

这被暴风雨所打击着的土地,

这永远汹涌②着我们的悲愤的河流,

这无止息地吹刮着的激怒的风,

和那来自林间的无比温柔的黎明……

——然后我死了,

连羽毛也腐烂在土地里面。

为什么我的眼里常含泪水?

因为我对这土地爱得深沉……

一九三八年十一月十七日

——选自《艾青诗选》,艾青著,艾丹编,中国青年出版社,2019,第 87 页。

❋ 难点注释 ❋

①嘶哑(sī yǎ):声音低沉而不圆润。

②汹涌(xiōng yǒng):形容水势很大,猛烈地向上涌。

作品解读

　　诗人以"假如我是一只鸟"开头,"歌唱"的是"鸟",同时也是"诗人"。诗人将鸟死后"连羽毛也腐烂在土地里面"这种本属于自然被动的结局,写成了主动的追求,更加真切地表现了诗人的献身精神,使诗的境界更为深邃博大。最后两句是全诗的精华,它是在那个苦难的年代里一个爱国的知识分子对祖国的最真挚的表白。这种爱刻骨铭心,至死不渝,不仅来自诗人内心深处,更是全民族普遍的爱国情绪的浓缩。

赏读篇目二　少年中国说（节选）

赏读日期：_____

心得感悟：_____

_____

作者档案

梁启超（1873—1929），字卓如，号任公，又号饮冰室主人，广东新会（今江门新会）人。清朝光绪年间举人，中国近代思想家、政治家、教育家、史学家、文学家，中国近代维新派领袖。与其师康有为倡导变法维新，并称"康梁"。

梁启超的作品介绍了西方资产阶级社会、政治、经济学说，对当时知识界有很大影响。但因其曾坚持立宪保皇，受到民主革命派批判。他倡导新文化运动，支持五四运动。晚年在清华学校（今清华大学）讲学。其著作合编为《饮冰室合集》。

原文赏读

少年中国说（节选）

梁启超

梁启超曰：造成今日之老大中国者，则中国老朽之冤业也；制出将来之少年中国者，则中国少年之责任也。彼老朽者何足道，彼与此世界作别之日不远矣，而我少年乃新来而与世界为缘。如僦屋①者然，彼明日将迁居他方，而我今日始入此室处。将迁居者，不爱护其窗棂，不洁治其庭庑②，俗人恒情，亦何足怪。若我少年者，前程浩浩，后顾茫茫，中国而为牛、为马、为奴、为隶，则烹脔③鞭箠④之惨酷，惟我少年当之；中国如称霸宇内，主盟地球，则指挥顾盼之尊荣，惟我少年享之，于彼气息奄奄，与鬼为邻者，何与焉？彼而漠然置之，犹可言也；我而漠然置之，不可言也。使举国之少年而果为少年也，则吾中国为未来之国，其进步未可量也；使举国之少年而亦为老大也，则吾中国为过去之国，其渐亡可翘足而待也。故今日之责任，不在他人，而全在我少年。少年智则国智，少年富则国富，少年强则国强，少年独立则国独立，少年自由则国自由，少年进步则国进步，少年胜于欧洲则国胜于欧洲，少年雄于地球则国雄于地球。红日初升，其道大光⑤；河出伏流，一泻汪洋。潜龙腾渊，鳞爪飞扬；乳虎啸谷，百兽震惶。鹰隼试翼，风尘吸张；奇花初胎，矞矞皇皇⑥。干将发硎，有作其芒⑦。天戴其苍，地履其黄⑧。纵有千古，横有八荒。前途似海，来日方长。美哉我少年中国，与天不老；壮哉我中国少年，与国无疆！

——选自《诗词文曲鉴赏·古文》，上海辞书出版社文学鉴赏辞典编纂中心编，

上海辞书出版社，2020，第278—279页。

难点注释

①僦(jiù)屋:租赁房屋。

②庭庑(wǔ):庭院走廊。

③脔(luán):切成小块的肉,这里用作动词,指宰割。

④箠(chuí):棍杖,这里用作动词,指捶打。

⑤其道大光:语出《周易·益》,即"自上下下,其道大光"。光,光大、发扬。

⑥卼卼(yù yù)皇皇:华美瑰丽,富丽堂皇。

⑦干将发硎(xíng),有作其芒:宝剑在磨刀石上磨,发出耀眼的光芒。硎,磨刀石。

⑧天戴其苍,地履(lǚ)其黄:头顶着苍天,脚踏着黄土大地。

作品解读

　　作者从政治家的角度指出造成国势衰微的根源,进而指出创造少年中国的力量在于"中国少年",文末作者以激昂、饱满的情绪,如诗人般描绘了一幅中国少年奋发有为而少年中国豪迈崛起的振奋民志的动人画面,并歌颂我少年中国与天不老,与国无疆! 文章不拘格式,多用比喻,具有强烈的鼓励性和进取精神,讴歌了祖国未来的英姿及其光辉灿烂的前程,寄托了作者对少年中国的热爱和期望。全文语言高度凝练,气势宏大,感情饱满,具有极强的说服力和感染力。

赏读篇目三　可爱的中国(节选)

赏读日期:＿＿＿＿＿＿＿＿＿＿＿＿＿＿＿＿＿＿＿＿

心得感悟:＿＿＿＿＿＿＿＿＿＿＿＿＿＿＿＿＿＿＿＿＿＿＿＿＿＿＿＿＿
＿＿＿＿＿＿＿＿＿＿＿＿＿＿＿＿＿＿＿＿＿＿＿＿＿＿＿＿＿＿＿＿＿＿＿＿＿

作者档案

　　方志敏(1899—1935),原名方远镇,号慧生,江西弋阳人,中国无产阶级革命家、军事家。1922年加入中国共产主义青年团,1924年加入中国共产党,1928年1月领导弋横起义。曾任中共弋横中心县委书记,闽浙赣省委书记,信江、赣东北省和闽浙赣省苏维埃政府主席,红军第十军代理政治委员等职。先后领导赣东北、闽浙赣革命根据地进行反"围剿"作战,并配合中央革命根据地反"围剿"作战。1934年11月任红十军团军政委员会主席。1935年1月在江西怀玉山区遭国民党军包围,在玉山陇首村被俘,同年8月6日在南昌英勇就义,时年36岁。遗著有《可爱的中国》《狱中纪实》等。

《原文赏读》

可爱的中国（节选）

方志敏

（一）

朋友！中国是生育我们的母亲。你们觉得这位母亲可爱吗？我想你们是和我一样的见解，都觉得这位母亲是蛮可爱蛮可爱的。以言气候，中国处于温带，不十分热，也不十分冷，好像我们母亲的体温，不高不低，最适宜于孩儿们的偎依。以言国土，中国土地广大，纵横万数千里，好像我们的母亲是一个身体魁大、胸宽背阔的妇人，不像日本姑娘那样苗条瘦小。中国许多有名的崇山大岭，长江巨河，以及大小湖泊，岂不象征着我们母亲丰满坚实的肥肤上之健美的肉纹和肉窝？中国土地的生产力是无限的；地底蕴藏着未开发的宝藏也是无限的；废置而未曾利用起来的天然力，更是无限的，这又岂不象征着我们的母亲，保有着无穷的乳汁，无穷的力量，以养育她四万万的孩儿？我想世界上再没有比她养得更多的孩子的母亲吧。至于说到中国天然风景的美丽，我可以说，不但是雄巍的峨嵋，妩媚的西湖，幽雅的雁荡，与夫"秀丽甲天下"的桂林山水，可以傲睨一世，令人称美；其实中国是无地不美，到处皆景，自城市以至乡村，一山一水，一丘一壑，只要稍加修饰和培植，都可以成流连难舍的胜景；这好像我们的母亲，她是一个天姿玉质的美人，她的身体的每一部分，都有令人爱慕之美。中国海岸线之长而且弯曲，照现代艺术家说来，这象征我们母亲富有曲线美吧。咳！母亲！美丽的母亲，可爱的母亲，只因你受着人家的压榨和剥削，弄成贫穷已极；不但不能买一件新的好看的衣服，把你自己装饰起来；甚至不能买块香皂将你全身洗擦洗擦，以致现出怪难看的一种憔悴褴褛和污秽不洁的形容来！啊！我们的母亲太可怜了，一个天生的丽人，现在却变成叫化的婆子！站在欧洲、美洲各位华贵的太太面前，固然是深愧不如，就是站在那日本小姑娘面前，也自惭形秽得很呢！

听着！朋友！母亲躲到一边去哭泣了，哭得伤心得很呀！她似乎在骂着："难道我四万万的孩子，都是白生了吗？难道他们真像着了魔的狮子，一天到晚地睡着不醒吗？难道他们不知道自己的伟大的团结力量，去与残害母亲、剥削母亲的敌人斗争吗？难道他们不想将母亲从敌人手里救出来，把母亲也装饰起来，成为世界上一个最出色、最美丽、最令人尊敬的母亲吗？"朋友，听到没有母亲哀痛的骂骂？是的，是的，母亲骂得对，十分对！我们不能怪母亲好哭，只怪得我们之中出了败类，自己压制自己，眼睁睁地望着我们这位挺慈祥美丽的母亲，受着许多无谓的屈辱，和残暴的蹂躏！这真是我们做孩子们的不是了，简直连一位母亲都爱护不住了！

（二）

啊！那矮的恶魔怎么那样凶恶，竟将母亲那么一大块身体，就一口生吞下去，还在那里眈眈地望着，像一只饿虎向着驯羊一样地望着！恶魔！你还想砍，还想割，还想把我们的母亲整个吞下去?! 兄弟们！无论如何不能与它干休！它砍下而且生吞下去母亲的那么一大块身体！母亲现在还像一个人吗，缺了五分之一的身体？美丽的母亲，变成一个血迹模糊肢体残缺的人了。兄弟们，无论如何，不能与它干休，大家冲上去，捉住那只恶魔，用铁拳痛痛地捶它，捶得它张开口来，吐出那块被生吞下去的母亲身体，才算，决不能让它在恶魔的肚子里消化了去，成了它的滋养料！我们一定要回来一个完整的母亲，绝对不能让她的肢体残缺呀！

呸！那是什么人？他们也是中国人，也是母亲的孩子？那么为什么去帮助恶魔来杀害自己的母亲呢?你们看!他们在恶魔持刀向母亲身上砍的时候,很快地就把砍下来的那块身体,双手捧到恶魔血口中去!他们用手拍拍恶魔的喉咙,使它快吞下去;现在又用手去摸摸恶魔的肚皮,增进它的胃之消化力,好让快点消化下去。他们都是所谓高贵的华人,怎样会那么恭顺地秉承恶魔的意旨行事?委曲求欢,丑态百出!可耻,可耻!傀儡,卖国贼!狗彘不食的东西!狗彘不食的东西!你们帮助恶魔来杀害自己的母亲,来杀害自己的兄弟,到底会得到什么好处?!我想你们这些无耻的人们啊!你们当傀儡、当汉奸、当走狗的代价,至多只能伏在恶魔的肛门边或小便上,去吸取它把母亲的肉,母亲的血消化完了排泄出来的一点粪渣和尿滴!那是多么可鄙弃的人生呀!

朋友,看!其余的恶魔,也都拔出刀来,馋涎欲滴地望着母亲的身体,难道也像矮的恶魔一样来分割母亲吗?啊!不得了,他们如果都来操刀而割,母亲还能活命吗?她还不会立即死去吗?那时,我们不要变成了无母亲的孩子吗?咳!亡了母亲的孩子,不是到处更受人欺负和侮辱吗?朋友们,兄弟们,赶快起来,救救母亲呀!无论如何,不能让母亲死亡的呵!

朋友,你们以为我在说梦呓吗?不是的,不是的,我在呼喊着大家去救母亲呵!再迟些时候,她就要死去了。

——选自《可爱的中国》,方志敏著,读者出版社,2021,第19—23页。

作品解读

在节选一的第一段中,作者运用各种修辞手法,写出了祖国母亲的美丽富饶。中国气候宜人,土地面积广阔,山川河流众多,物产丰富,风景秀丽。作者以深情的笔触抒发了对祖国的热爱和赞美之情。结尾话锋一转,因列强的侵辱劫掠和压榨剥削,原本美丽、可爱的母亲变得贫弱不堪。"一个天生的丽人,现在却变成叫化的婆子",作者在此表达了对祖国母亲的痛惜和对列强的憎恨。节选一第二段中,作者借祖国母亲之口,连用四个反问,痛斥麻木的人们,希望唤醒其爱国之情和救亡之心。

在节选二的第一段中,作者先指出侵略者的侵略行径,揭露其吞并整个中国的意图,接着号召国人拿起武器保卫国家。在节选二的第二段中,作者怒斥卖国贼,痛斥他们把砍下来的那块祖国母亲的"身体"双手捧到恶魔血口中去的卑劣行径,而他们得到的只是恶魔"消化完了排泄出来的一点粪渣和尿滴"。"委曲求欢""丑态百出""可耻""傀儡""卖国贼""狗彘不食的东西"等一系列用词,表现出作者对卖国求荣者强烈的憎恶和鄙弃。在节选二的第三、四段中,作者大声疾呼:救救母亲。其他帝国主义侵略者也想来分割祖国母亲,再不拯救,她就要亡了;再不反抗,所有人都会成为亡国奴。

这篇文章感情真挚,作者爱憎分明,对祖国母亲的热爱、对帝国主义列强的痛恨、对卖国贼的厌憎都跃然纸上。

名句荟萃

1.位卑未敢忘忧国,事定犹须待阖棺。　　　　　　　　　　　　　　　　——陆游

2.醉卧沙场君莫笑,古来征战几人回?　　　　　　　　　　　　　　　　——王翰

3.愿得此身长报国,何须生入玉门关。　　　　　　　　　　　　　　　　——戴叔伦

4.一身转战三千里,一剑曾当百万师。　　　　　　　　　　　　　　　　——王维

5.寄意寒星荃不察,我以我血荐轩辕。　　　　　　　　　　　　　　　　——鲁迅

6.国破山河在,城春草木深。 ——杜甫

7.先天下之忧而忧,后天下之乐而乐。 ——范仲淹

8.横眉冷对千夫指,俯首甘为孺子牛。 ——鲁迅

9.臣心一片磁针石,不指南方不肯休。 ——文天祥

10.一寸丹心图报国,两行清泪为思亲。 ——于谦

11.封侯非我意,但愿海波平。 ——戚继光

12.安得广厦千万间,大庇天下寒士俱欢颜!风雨不动安如山。 ——杜甫

13.愿将腰下剑,直为斩楼兰。 ——李白

14.但愿苍生俱饱暖,不辞辛苦出山林。 ——于谦

15.埋骨何须桑梓地,人生无处不青山。 ——毛泽东

16.天下兴亡,匹夫有责。 ——顾炎武

17.会挽雕弓如满月,西北望,射天狼。 ——苏轼

18.一年三百六十日,多是横戈马上行。 ——戚继光

19.我们的祖国并不是人间乐园,但是每一个中国人都有责任把她建设成人间乐园。 ——巴金

20.我们爱我们的民族,这是我们自信心的泉源。 ——周恩来

21.各出所学,各尽所知,使国家富强不受外侮,足以自立于地球之上。 ——詹天佑

22.祖国如有难,汝应作前锋。 ——陈毅

23.一个人只要热爱自己的祖国,有一颗爱国之心,就什么事情都能解决。什么苦楚,什么冤屈都受得了。 ——冰心

24.风声雨声读书声,声声入耳;家事国事天下事,事事关心。 ——顾宪成

25.我爱中国固因他是我的祖国,而尤因他是有那种可敬爱的文化的国家。 ——闻一多

26.一个真正的爱国主义者,用不着等待什么特殊机会,他完全可以在自己的岗位上表现自己对祖国的热爱。 ——苏步青

27.我们是国家的主人,应该处处为国家着想。 ——雷锋

单元寄语

　　爱国是我们中华民族的优良传统之一,是融入我们每一个中国人骨髓的精神品质,是身为中华儿女的本分,我们每个人都会为自己是龙的传人而感到骄傲和自豪。但是,爱国不是口号,不是空谈,爱国要通过一件件小事,有时是微不足道的小事体现出来。作为新时代的中职生,应该继承爱国主义优良传统,弘扬民族精神和时代精神,以热爱祖国为荣,做一个忠诚的爱国者。

主题单元二

大好河山——江山如此多娇

单元导语

在中国广袤的土地上，高山、平原、荒漠、河流的风貌各有其美。古往今来，多少风流才俊留下锦绣文章："黄河远上白云间，一片孤城万仞山""水光潋滟晴方好，山色空蒙雨亦奇""停车坐爱枫林晚，霜叶红于二月花""大漠孤烟直，长河落日圆"……这些描绘祖国山水的诗句现今读来仍然让人沉醉，那些记叙祖国景致的美文现今赏罢仍然令人惊叹。

人们常说，寄情山水。今天，就让大家一起来诵读这些名家作品，追寻他们的脚步，共赏这壮丽山河、如画江山，体会他们在创作时的思想，从中汲取智慧与精神力量。

经典诵读

诵读篇目一　望岳

诵读日期：＿＿＿＿＿＿＿＿＿＿＿＿＿＿＿＿

心得感悟：＿＿＿＿＿＿＿＿＿＿＿＿＿＿＿＿

＿＿＿＿＿＿＿＿＿＿＿＿＿＿＿＿＿＿＿＿＿＿＿＿＿＿

作者档案

杜甫(712—770)，字子美，自称少陵野老，祖籍襄阳(今属湖北)，自其曾祖时迁居巩县(今河南巩义西南)，唐代伟大的现实主义诗人。杜甫自幼好学，知识渊博，颇有政治抱负。开元后期，杜甫参加进士考试，结果落第，之后漫游各地。

杜甫有着儒家积极入世的思想，仕途却屡屡不顺，后半生更是颠沛流离，历经磨难。艰苦的生活使得杜甫对社会状况有较深的认识，杜甫善用具有普遍意义的社会题材反映当时政治的腐败，在一定程度上表达了人民的愿望。他的许多优秀作品显示出唐代由开元、天宝盛世转向分裂衰微的历史过程，被称为"诗史"。杜甫与李白齐名，世称"李杜"。宋朝以后，杜甫被尊称为"诗圣"。

在艺术上，杜甫善于运用各种诗歌形式，尤长于律诗，风格多样，以沉郁为主；语言精练，具有高度的表达能力，对历代诗歌创作产生巨大影响。他的诗流传下来的有1450多首，文、赋28篇，有《杜工部集》。

原作诵读

望岳

〔唐〕杜甫

岱宗①夫如何，齐鲁②青未了。

造化③钟④神秀，阴阳⑤割昏晓。

荡胸生层云，决⑥眦⑦入归鸟。

会当⑧凌绝顶，一览众山小。

——选自《唐诗宋词鉴赏辞典》，乐云、黄鸣主编，崇文书局，2020，第174页。

❧ 难点注释 ❧

①岱宗：泰山的别称。

②齐鲁：春秋时的两个诸侯国，在今山东一带。齐国在泰山之北，鲁国在泰山之南。

③造化：天地，大自然。

④钟：聚集。

⑤阴阳：古人以山北水南为阴，山南水北为阳。

⑥决：裂开。

⑦眦：眼角。

⑧会当：定当，一定要。

❧ 古文今译 ❧

五岳之首的泰山怎么样？在齐鲁大地上，那苍翠的美好山色没有尽头。

大自然把神奇秀丽的景象全都汇聚其中，山南山北阴阳分界，晨昏迥然不同。

升腾的层层云气，使心胸摇荡；极力张大眼睛远望，归鸟隐入了山林。

定要登上那最高峰，俯瞰在泰山面前显得渺小的群山。

作品解读

这首诗是作者在青年时期写就的，字里行间洋溢着蓬勃的朝气。全诗没有一个"望"字，却句句都是在写向岳而望。

"岱宗夫如何，齐鲁青未了"写远望泰山之色。此句以距离之远烘托泰山的高大、壮阔。

"造化钟神秀，阴阳割昏晓"写近望泰山之势。由于泰山极高，天色的一昏一晓被隔于山的阴阳面，所以说"割昏晓"，"割"本是个普通字，但用在这里，的确是"奇险"。

"荡胸生层云，决眦入归鸟"写细望泰山之景。"归鸟"是投林还巢的鸟。夜幕降临时，作者还在望泰山，可见作者对祖国山河的热爱。

"会当凌绝顶，一览众山小"写登上泰山之意。此处的"凌绝顶"不仅指登泰山，还暗示了作者的人生志向。从这两句富有启发性和象征意义的诗中，可以看到作者不怕困难、敢于攀登、俯视一切的雄心和气概。这正是作者能够成为一位伟大诗人的关键所在，也是一切有所作为的人所不可缺少的。

这首诗写"望岳"可谓由远及近，层次分明，意境高远，寓意深刻。由望岳至登岳，既生动地描绘了泰山的巍峨广袤、风景奇秀，又表现了青年人的广阔胸怀和远大抱负。

诵读篇目二　滕王阁序

诵读日期：＿＿＿＿＿＿＿＿＿＿＿＿＿＿＿＿＿＿＿＿

心得感悟：＿＿＿＿＿＿＿＿＿＿＿＿＿＿＿＿＿＿＿＿

＿＿＿＿＿＿＿＿＿＿＿＿＿＿＿＿＿＿＿＿＿＿＿＿＿＿

◈ 作者档案 ◈

王勃(649或650—?),字子安,绛州龙门(今山西河津)人,初唐文学家。王勃聪敏好学,少时即显露才华,唐高宗麟德初应举及第,曾任虢州参军。

王勃与杨炯、卢照邻、骆宾王以文辞齐名,并称"王杨卢骆",也称"初唐四杰"。他和卢照邻等皆企图改变当时"争构纤微,竞为雕刻"的诗风。其诗长于五律,偏于描写个人经历,多思乡怀人、酬赠往还之作,风格清新流丽。其文多为骈体,重辞采而有气势,作品以《滕王阁序》最为有名。著有《王子安集》等。

◈ 原作诵读 ◈

滕王阁序

〔唐〕王勃

南昌故郡,洪都新府。星分翼、轸①,地接衡、庐。襟三江而带五湖,控蛮荆而引瓯越②。物华天宝,龙光射牛斗之墟;人杰地灵,徐孺下陈蕃之榻。雄州雾列,俊彩星驰。台隍③枕夷夏之交,宾主尽东南之美。都督阎公之雅望,棨戟④遥临;宇文新州之懿范⑤,襜帷⑥暂驻。十旬休假,胜友如云,千里逢迎,高朋满座。腾蛟起凤,孟学士之词宗,紫电清霜,王将军之武库。家君作宰,路出名区,童子何知,躬逢胜饯。

时维九月,序属三秋。潦水⑦尽而寒潭清,烟光凝而暮山紫。俨骖𬴂于上路⑧,访风景于崇阿⑨。临帝子之长洲,得仙人之旧馆。层峦耸翠,上出重霄,飞阁流丹,下临无地。鹤汀凫渚⑩,穷岛屿之萦回,桂殿兰宫,列冈峦之体势。披绣闼,俯雕甍⑪,山原旷其盈视,川泽盱其骇瞩。闾阎⑫扑地,钟鸣鼎食之家,舸舰弥津,青雀黄龙之舳⑬。虹销雨霁⑭,彩彻云衢。落霞与孤鹜⑮齐飞,秋水共长天一色。渔舟唱晚,响穷彭蠡⑯之滨,雁阵惊寒,声断衡阳之浦。

遥吟俯畅,逸兴遄⑰飞。爽籁发而清风生,纤歌凝而白云遏。睢园⑱绿竹,气凌彭泽⑲之樽,邺水朱华⑳,光照临川之笔㉑。四美㉒具,二难㉓并。穷睇眄㉔于中天,极娱游于暇日。天高地迥,觉宇宙之无穷,兴尽悲来,识盈虚之有数。望长安于日下,指吴会于云间。地势极而南溟深,天柱高而北辰远。关山难越,谁悲失路之人?萍水相逢,尽是他乡之客。怀帝阍㉕而不见,奉宣室㉖以何年?

嗟乎!时运不齐,命途多舛。冯唐易老,李广难封。屈贾谊于长沙,非无圣主,窜梁鸿于海曲,岂乏明时?所赖君子安贫,达人知命。老当益壮,宁移白首之心,穷且益坚,不坠青云之志。酌贪泉而觉爽,处涸辙以犹欢。北海虽赊,扶摇可接,东隅已逝,桑榆非晚。孟尝高洁,空怀报国之情,阮籍猖狂,岂效穷途之哭?

勃,三尺微命,一介书生。无路请缨,等终军之弱冠,有怀投笔,慕宗悫之长风。舍簪笏㉗于百龄,奉晨昏于万里。非谢家之宝树,接孟氏之芳邻。他日趋庭,叨陪鲤对㉘,今晨捧袂,喜托龙门。杨意不逢,抚凌云而自惜、钟期既遇,奏流水以何惭?

呜呼!胜地不常,盛筵难再。兰亭已矣,梓泽㉙丘墟。临别赠言,幸承恩于伟饯;登高作赋,是所望于群公。敢竭鄙诚,恭疏短引。一言均赋,四韵俱成。

——选自《古文观止》(下册),钟基、李先银、王身钢译注,中华书局,2011,第502—503页。

难点注释

①星分翼、轸(zhěn)：洪州属于翼、轸二星所对着的地面区域。翼、轸为二十八宿中南方朱雀七宿里的两宿。古人用二十八宿的方位来区分地面的区域，某个星宿对着地面的某个区域，叫作某地在某星的分野。

②控蛮荆而引瓯(ōu)越：控制楚地，连接瓯越。蛮荆，古楚地(今湖北、湖南一带)。瓯越，古越地就是东瓯(今浙江永嘉一带)。

③台隍：城台和城池，这里指南昌城。

④棨(qǐ)戟：有套的戟，古时官吏出行时用作前导的一种仪仗。

⑤懿(yì)范：美好的风范。

⑥襜帷(chān wéi)：车的帷幔，这里借指宇文新州的车马。

⑦潦(lǎo)水：蓄积的雨水。

⑧俨骖騑(yǎn cān fēi)于上路：驾着车在高高的道路上前行。俨，同"严"，整齐的样子。骖騑，驾车两旁的马。

⑨崇阿：高大的山陵。

⑩鹤汀凫渚(tīng fú zhǔ)：鹤、野鸭栖宿的水边平地和小洲。汀，水边平地。凫，野鸭。渚，水中小洲。

⑪披绣闼(tà)，俯雕甍：打开精美的阁门，俯瞰雕饰的屋脊。披，开。闼，小门。甍，屋脊。

⑫闾阎：里门，这里代指房屋。

⑬舳：这里指船。

⑭霁：雨雪停止。

⑮鹜：野鸭。

⑯彭蠡：古代大泽，即现在的鄱阳湖。

⑰遄：迅速。

⑱睢园：西汉梁孝王在睢水旁边修建的竹园，他常在此与一些文人饮酒赋诗。

⑲彭泽：指代陶渊明。

⑳邺水朱华：借诗人曹植来比拟参加宴会的文人。邺(今河北临漳)乃曹魏兴起之地，曹植曾在此作诗《公宴》，诗中有"朱华冒绿池"的句子。朱华，指荷花。

㉑临川之笔：指谢灵运，他曾任临川(今属江西)内史。

㉒四美：指良辰、美景、赏心、乐事。

㉓二难：指贤主、嘉宾难得。难，难得。

㉔睇眄：看。

㉕帝阍：原指天帝的守门者，这里指皇帝的宫门。

㉖宣室：汉未央宫前殿正室，汉文帝曾坐宣室接见贾谊，谈话到半夜，此处用典自比。

㉗簪笏(zān hù)：这里代指官职。

㉘鲤对：孔鲤是孔子的儿子，鲤对指接受父亲的教诲。

㉙梓泽：金谷园的别称，为西晋石崇所建。

古文今译

南昌是旧时豫章郡的治所，是如今洪州府的所在。洪州属于翼星和轸星所对着的地面区域，地下连接着衡山(湖南)和庐山(江西)。它以三江为衣襟，以五湖为衣带，控制楚地，连接着瓯越。万物的精华就是天的珍宝，宝剑发出的光气直射天上牛、斗二星所在的区域；人有俊杰是因为大地有灵秀之气，名士徐孺子竟然能够在太守陈蕃家中下榻。雄伟的州郡像大雾一样涌起,杰出的人才像星星一样多。南昌城处在瓯越与中原接壤的地方,来赴宴的客人和主人都是东南一带的俊杰。都督阎公声望崇高,依仗远来;宇文新州风范美好,车马暂驻。恰好赶上十日休假的日子,才华出众的友人聚集在一处,迎接千里而来的客人,高贵的朋友坐满席位。文坛上众望所归的孟学士,其文章的辞采有如蛟龙腾空,凤凰飞起;王将军的兵器库里藏着像紫电清霜这样锋利的宝剑。家父在交趾县做县令,自己因探望父亲路过这个有名的地方,我年幼无知,有幸参加这场盛大的宴会。

正当九月,季节属于深秋。蓄积的雨水已干而池潭清冽,傍晚的烟霞凝聚而山峦青紫。驾着车整齐地在高高的道路上前行,到高大的山陵中寻访美景;到达滕王阁前的沙洲,来到滕王阁观赏。重叠的峰峦耸起一片苍翠,上达重霄;凌空架起的阁道涂饰的朱红色油彩鲜艳欲滴,向下看不到地面。鹤和野鸭栖宿的水边平地和小洲,极尽岛屿曲折回环的景致,用桂木和木兰修筑的宫殿,按照冈峦高低起伏的形状排列着。打开精美细致的阁门,俯瞰雕饰的屋脊,放眼远望,辽阔的山岭、平原充满人们的视野,迂回的河流、湖泽使人看了感到惊异。房屋遍地,有不少官宦人家;船只停满渡口,有许多装饰着青雀、黄龙头形的大船。彩虹消失,雨过天晴,阳光普照,天空明朗。天边的晚霞和水边的野鸭一起飞翔,秋天的江水和辽阔的天空连成一色。晚上渔船的歌声,响彻鄱阳湖边;寒夜雁群的惊叫,直到衡阳的水滨才停止。

登高望远的胸怀顿时舒畅,飘逸脱俗的兴致油然而生。爽朗明快的箫管声响起,清凉的风徐徐吹来,柔细的歌声缭绕不散,遏止了白云飞动。在座的文人雅士在睢园竹林之会上的酒量豪情,气势超过了陶渊明的酒兴,就像当年邺水的曹植写出吟咏荷花的美好诗句,其风流文采映照着谢灵运的诗笔。良辰、美景、赏心、乐事四美具备,贤主和嘉宾难得齐聚。极目瞭望远空,尽情欢度这个假日。天高地远,感到宇宙的无穷无尽;兴尽悲来,知道事物的兴衰成败是有定数的。在阳光下遥望长安,从云彩间指点吴会。地势尽于南方深广的南海,天柱高耸于北方,北辰遥远。关山难以逾越,谁会同情不得志的人?不认识的人偶然相遇,都是漂泊他乡之客。怀念朝廷而不得觐见,哪一年才能像贾谊那样被召在宣室呢?

唉!命运不好,命运不顺。有才能的冯唐老了也难做官,李广军功显赫却终身不得封侯。委屈贾谊被疏远流放到长沙,不是没有圣明的君主,使梁鸿逃到海边,难道不是在政治昌明的时代吗?这一切依仗的是君子安于清贫,达人懂天命。年纪老了志气应当更加壮盛,怎能在白发苍苍的老年改变心志?处境艰难时意志应该更加坚定,不放弃自己远大崇高的志向。喝下贪泉的水仍觉得心境清爽,处于危急之中仍然乐观开朗。北海虽然遥远,乘着旋风还可以到达;早年的时光虽然已经逝去,珍惜将来的岁月为时还不晚。孟尝品行高洁,却空有一腔报国热情,怎能效法阮籍不拘礼法,在无路可走时便恸哭而返呢?

我王勃,地位低下,一介书生。我和终军年龄相同,却没有请缨报国的机会;怀着投笔从军的志愿,羡慕宗悫乘风破浪的远大理想。我宁愿舍弃一生的功名富贵,到万里之外去朝夕侍奉父亲。我虽不是谢玄那样出色的人才,却愿交孟母这样的好邻居。过些时候我将到父亲那里陪侍和聆听教诲,今日谒见阎公,我心里十分高兴,好像登上龙门一样。没有遇到杨得意那样引荐的人,虽有才华也只能独自叹惋,既然遇到钟子期那样的知音,演奏高山流水的乐曲又有何羞惭?

唉!名胜之地不能长存,盛大的筵席难以再次遇到。当年兰亭宴饮集会的盛况已经成为陈迹,繁华的金谷园也已经变成荒丘废墟。有幸蒙受阎公宴席的恩赐,临别留下这篇序文;登高而作赋,那是在座诸公的事了。请允许我冒昧地尽我的心意,恭敬地写下这篇小序。一说每人都请赋诗,四韵八句就写成了。

作品解读

《滕王阁序》原称《秋日登洪府滕王阁饯别序》,全文可分为四个部分。第一段为第一部分,以叙事为主,主要讲洪州历史悠久、地势雄伟、人杰地灵,宴会的宾主尊贵以及自己有幸参与这场盛宴。第二段为

第二部分,以写景为主,同时交代了宴会的时间和地点。作者重点描绘了登滕王阁时所见的盛景,视角有远有近,有仰有俯,写景有声有色,其中"落霞与孤鹜齐飞,秋水共长天一色"更是公认的绝句。第三、四段为第三部分,以抒情为主。作者正面描写了滕王阁的这场盛会,引发自身对人生际遇的感慨。作者多处用典,先以陶渊明、曹植、谢灵运等贤才来比喻宴会上的高朋、胜友,尽情描绘这场宴会群英荟萃的盛况。"天高地迥,觉宇宙之无穷,兴尽悲来,识盈虚之有数。"作者在此转折,由上文的盛景转为对人生命运的慨叹,作者通过举出冯唐、李广、贾谊、梁鸿的例子,表明在处境艰难的时候,仍然是见机之君子,知命之达人,以此勉励自己。第五、六段为第四部分,作者先以终军、宗悫自勉明志,后叙述此行去向并申明作序辞别之意。

全文处处扣题,虽然通篇用骈偶,辞采绚丽,形式严整,但于整齐之中又表现出参差变化之美,行文流畅,一气呵成,毫无六朝骈文常见的辞藻堆砌的痕迹。本文虽是即席应命之作,却以巧妙的艺术构思将滕王阁及其周围的景色、宴会的盛况与个人情感的抒发相结合,情景交融,和谐统一。

诵读篇目三　游褒禅山记

诵读日期:＿＿＿＿＿＿＿＿＿＿＿＿＿＿＿＿＿

心得感悟:＿＿＿＿＿＿＿＿＿＿＿＿＿＿＿＿＿＿＿＿＿＿＿＿＿＿＿＿＿＿＿＿＿＿

＿＿＿＿＿＿＿＿＿＿＿＿＿＿＿＿＿＿＿＿＿＿＿＿＿＿＿＿＿＿＿＿＿＿＿＿＿＿＿

❖ 作者档案 ❖

王安石(1021—1086),字介甫,号半山,抚州临川(今江西抚州)人,人称"王临川""临川先生",北宋著名的政治家、思想家、文学家。庆历进士。熙宁二年(1069年),王安石为参知政事,次年拜相。他陆续推行均输、青苗、农田水利、免役、市易、方田均税以及置将、保甲、保马等新法,史称"王安石变法"。

王安石为"唐宋八大家"之一,其诗歌遒劲清新,词虽不多而风格高峻。文集今有《王文公文集》《临川先生文集》两种,后人辑有《周官新义》《诗义钩沉》等。

《原作诵读》

游褒禅山记

〔宋〕王安石

褒禅山亦谓之华山。唐浮图①慧褒②始舍于其址,而卒葬之,以故其后名之曰褒禅。今所谓慧空禅院者,褒之庐冢③也。距其院东五里,所谓华山洞者,以其乃华山之阳④名之也。距洞百余步,有碑仆道⑤,其文漫灭⑥,独其为文犹可识,曰"花山"。今言"华"如"华实"之"华"者,盖音谬也。

其下平旷，有泉侧出，而记游者甚众，所谓"前洞"也。由山以上五六里，有穴窈然⑦，入之甚寒，问其深，则其好游者不能穷⑧也，谓之"后洞"。予与四人拥火以入，入之愈深，其进愈难，而其见愈奇。有怠而欲出者，曰："不出，火且尽。"遂与之俱出。盖予所至，比好游者尚不能十一，然视其左右，来而记之者已少。盖其又深，则其至又加少⑨矣。方是时，予之力尚足以入，火尚足以明也。既其出，则或咎其欲出者，而予亦悔其随之，而不得极乎游之乐也。

于是予有叹焉。古人之观于天地、山川、草木、虫鱼、鸟兽，往往有得，以其求思之深而无不在也。夫夷⑩以近，则游者众，险以远，则至者少。而世之奇伟瑰怪、非常之观，常在于险远，而人之所罕至焉，故非有志者不能至也。有志矣，不随以止也，然力不足者，亦不能至也。有志与力，而又不随以怠，至于幽暗昏惑⑪而无物以相⑫之，亦不能至也。然力足以至焉，于人为可讥，而在己为有悔。尽吾志也而不能至者，可以无悔矣，其孰能讥之乎？此予之所得也。

予于仆碑，又有悲夫古书之不存，后世之谬其传而莫能名者，何可胜⑬道也哉！此所以学者不可以不深思而慎取之也。

四人者：庐陵萧君圭君玉，长乐王回深父⑭，予弟安国平父⑮、安上纯父。

——选自《古文观止》（下册），钟基、李先银、王身钢译注，中华书局，2011，第904—908页。

❀ 难点注释 ❀

①浮图：古代印度文字梵语的音译，也译作"浮屠"，有佛、佛塔、佛教徒几个不同的意义，这里指佛教徒，即和尚。

②慧褒：唐代著名僧人。

③庐冢：庐，屋舍；冢，坟墓。

④华山之阳：华山的南面。阳，古代山的南面、水的北面称为"阳"。

⑤仆道：倒在路边。

⑥漫灭：指碑文剥蚀严重，模糊不清。

⑦窈然：幽深的样子。

⑧穷：尽，这里指走到洞的尽头。

⑨加少：更少。

⑩夷：平坦。

⑪昏惑：迷乱。

⑫相：辅助。

⑬胜：尽。

⑭王回深父：王回，字深父，北宋学者。

⑮安国平父：王安国，字平父。安国平父和安上纯父均为王安石的弟弟。

❀ 古文今译 ❀

褒禅山也称作华山。唐代僧人慧褒在这里筑室定居，死后又葬在这里，因为这个原因，在慧褒以后，人们就称这座山为褒禅山，现在所说的慧空禅院，就是僧人慧褒的屋舍和坟墓的所在地。距离这座禅院东边五里处,有一个被称为华山洞的地方,因位于华山的南面而得名。距离洞口一百多步远的地方,有一块石碑倒在路边,碑文已经模糊不清,从它残存的文字中勉强可以辨认出这座山叫"花山"。现在把"华"字读为"华实"的"华",大概是把字音读错了。

山洞下地势平坦空旷,有泉水从旁边涌出,到这里来游玩并在洞壁上题字留念的人很多,这就是人们所说的"前洞"。沿着山路向上走五六里,有一个山洞幽暗深远,走进洞中感到十分寒冷,要问这个洞有多深,就连那些特别喜爱游山玩水的人也不能走到它的尽头,这个洞叫作"后洞"。我和四个同伴拿着火把走进去,进去得越深,前进就越困难,而看到的景象就越发奇妙。有一位心生懈怠而想回去的同伴说道:"要是不回去,火把就要烧完了。"于是大家都同他一起出来了。我们所到达的深度,同那些喜欢游览的人相比还不到他们的十分之一,然而环顾洞壁左右,来到这里并且题文留念的人已经很少了。洞越深,能到达的人大概就更加少了。正当我决定从洞中退出的时候,我的体力还足够继续往前走,火把也还足够继续照明。退出洞以后,有人责备那个想要退出来的人,我也后悔自己跟着别人退了出来,而没能尽情享受游览的乐趣。

于是我有些感慨。古代的人观察天地、山川、草木、虫鱼、鸟兽,往往都有心得体会,这是因为他们思考得很深入而且处处都能如此的缘故。那些平坦而且近便的地方,游人就多,艰险而且偏远的地方,到达的人就少了。然而世间奇妙雄伟、珍贵奇特的景观,常常在艰险偏远而且人们极少到达的地方,因此不具有坚强意志的人是不能到达的。有意志,不盲目跟随别人而停滞不前,但是体力不足的人,也不能到达。既有意志和体力,又不松懈懒散,但是到了幽深昏暗、叫人迷乱的地方却没有外物的辅助,也不能到达。然而体力足以达到那里却没有达到,在别人看来是可以嘲笑的,而自己也会感到懊悔。尽了自己的力量却仍然不能到达,就可以不必懊悔了,难道谁还来嘲笑我吗?这些就是我的心得。

我对于那块倒在路边的石碑,又感叹古代刻写的文字未能存留,后代的人讹传而无人弄清其真相,这样的例子哪能说得完呢!这就是学者不可以不深入思考而谨慎地援引资料的缘故。

同游的四个人:庐陵的萧君圭,字君玉;长乐县的王回,字深父;我的弟弟安国、字平父和安上、字纯父。

❀ 作品解读

《游褒禅山记》是一篇通过记游来说理的散文,但它并不以记游和描写山水景物之美取胜,而以议论说理见长,在众多游记散文中别具一格。

第一、二段为叙事,作者简单介绍了游览的目的地褒禅山的概况和游洞的经过。游览到"前洞"时,在洞壁上题字留念的人很多,而游览到"后洞"时,因同伴心生懈怠想要回去,作者也没有往前走就随同伴一起回去了。

第三、四段为议论说理,作者借游山说明"治学"的道理,主要围绕两个问题来写。一是"志、力、物"三者之间的关系。"世之奇伟瑰怪、非常之观,常在于险远,而人之所罕至焉"。要想看到别人看不到的风景,除了自身要有"志"与"力",还需要借助"物"来实现,治学亦是如此。作者重点强调了要"尽吾志",做到"无悔矣"。二是作者看到倒在路边的石碑,联想到因为古代文献资料的缺失而致使后人以讹传讹,弄不清事实的真相,由此发出治学要"深思而慎取"的感慨。

文章以游踪为线索,先记游,后议论,议论承上文的记游而来,记游为下文议论作铺垫。

文章由事实的具体叙述到抽象道理的议论,转折、变化自然。作者把叙述和说理紧密结合,以游记的形式寄托人生哲理。

诵读篇目四　满井游记

诵读日期：_____

心得感悟：_____
_____
_____

作者档案

　　袁宏道(1568—1610)，字中郎，号石公、六休，荆州公安(今属湖北)人，明代文学家。万历二十年进士，官至吏部郎中。曾从李贽问学，与其兄袁宗道、其弟袁中道都有文学成就，当时称为"公安三袁"。袁宏道是公安派创始人和主将，他反对当时文坛复古模拟的风气，主张"代有升降，而法不相沿，各极其变，各穷其趣"，强调"独抒性灵，不拘格套"，并且重视小说、戏曲和民歌在文学中的地位，在当时影响很大。作品真率自然，独具一格，其小品文清新活泼，尤受人推崇。著有《袁中郎全集》等。

原作诵读

满井游记

〔明〕袁宏道

　　燕①地寒，花朝节②后，余寒犹厉。冻风时作，作则飞沙走砾，局促一室之内，欲出不得。每冒风驰行，未百步辄返。

　　廿二日③，天稍和，偕数友出东直，至满井。高柳夹堤，土膏④微润，一望空阔，若脱笼之鹄⑤。于时冰皮始解，波色乍明，鳞浪层层，清澈见底，晶晶然如镜之新开，而冷光之乍出于匣也。山峦为晴雪所洗，娟然⑥如拭，鲜妍明媚，如倩女之靧⑦面，而髻鬟⑧之始掠也。柳条将舒未舒，柔梢披风，麦田浅鬣⑨寸许。游人虽未盛，泉而茗者，罍⑩而歌者，红装而蹇⑪者，亦时时有。风力虽尚劲，然徒步则汗出浃背。凡曝沙之鸟，呷浪之鳞，悠然自得，毛羽鳞鬣之间，皆有喜气。始知郊田之外，未始无春，而城居者未之知也。

　　夫不能以游堕事⑫，而潇然于山石草木之间者，惟此官也。而此地适与余近，余之游将自此始，恶能⑬无纪？己亥⑭之二月也。

　　——选自《古文鉴赏辞典》(第2版)，汤克勤主编，崇文书局，2020，第414页。

难点注释

①燕：指今河北北部、辽宁西部、北京一带。这一地区原为周代诸侯国燕国故地。
②花朝节：旧时以农历二月十二日为花朝节，据说这一天是百花生日。

③廿二日：二十二日，承花朝节说，所以没写月份。

④土膏：肥沃的土地。膏，肥沃。

⑤鹄：天鹅。

⑥娟然：美好的样子。

⑦靧：洗脸。

⑧髻鬟(jì huán)：髻，挽束在头顶的头发；鬟，古代妇女的环形发髻。

⑨鬣(liè)：兽颈上的长毛，这里形容不高的麦苗。

⑩罍(léi)：酒杯。

⑪蹇：这里指驴。

⑫堕(huī)事：耽误公事。堕，古同"隳"，坏、耽误。

⑬恶(wū)能：怎能。

⑭己亥：明万历二十七年(1599年)。

古文今译

北京一带气候寒冷，花朝节过后，冬季余寒还很猛烈。冷风时常刮起，一刮起来就飞沙走石。我被拘在一间屋子里，想出都出不去。每次顶着风疾行，不到百步就被迫返回。

二十二日，天气略微暖和，我和几个朋友一起从东直门出去，到了满井。高大的柳树长在河堤的两旁，肥沃的土地微微湿润，一眼望去空旷开阔，好像是从笼中飞出去的天鹅。这时，水面的薄冰开始融化，水波开始发出亮光，鱼鳞似的浪纹一层一层，水清澈得可以看到河底，亮晶晶的水面就像擦亮的镜子里有一股清冷的光从镜匣中射出来一样。山峦被融化的雪水洗后，像擦拭过一样，鲜艳悦目，如同美丽的少女洗完脸刚梳过髻鬟一样。柳条将要舒展却还没有舒展，柔软的柳梢在风中散开，麦苗高约一寸。游人虽然还不是很多，但是用泉水煮茶喝的，端着酒杯唱歌的，身着艳装骑驴的，也时常有。风力虽然还很强劲，然而走起路来就汗流浃背。凡是在沙滩上晒太阳的鸟，浮到水面上戏水的鱼，都悠然自得，不论是鸟类还是鱼类都洋溢着欢快的气氛。我才知道郊野之外并不是没有春光，只不过住在城里的人没有察觉它罢了。

不能因为游玩耽误公事，然而能潇洒地在山石草木之间游玩的人，恐怕只有我这个闲官儿了。而这个地方正好离我近，我将从这里开始游玩，怎能没有记游的文章呢？明万历二十七年二月。

作品解读

《满井游记》是一篇文字清新的记游小品文。满井是明清时期北京东北郊的一个游览地，因此地有一口古井，"井高于地，泉高于井，四时不落"，所以称为"满井"。文章开篇，作者通过"余寒犹厉""冻风时作""作则飞沙走砾"等词句，极力渲染燕地气候寒冷，烘托自己渴望出游的迫切心情，反衬郊外明媚的春光。接着，作者记叙了自己在早春二月出城游历满井时所看到的美景。简练的白描，形象的比喻，既彰显了山川景物的神韵，又表达了作者对春回大地的喜悦和对早春的欣赏与赞美，字里行间流露出作者独特的审美情趣。

作者在文章最后总结"始知郊田之外，未始无春，而城居者未之知也"，与文章开头作者局促在室内的情形相呼应，体现了作者厌倦喧嚣的城市生活、寄意于山水草木的潇洒情怀，表达了作者旷达、乐观的人生态度和对自由的向往。

美 文 赏 读

赏读篇目一　沁园春·雪

赏读日期：_____

心得感悟：_____

_____

作者档案

毛泽东（1893—1976），字润之（原作咏芝，后改润芝），笔名子任，湖南湘潭人。是伟大的马克思主义者、无产阶级革命家、战略家和理论家，中国共产党、中国人民解放军和中华人民共和国的主要领导人。

原文赏读

沁园春·雪

毛泽东

北国风光，千里冰封，万里雪飘。

望长城内外，惟余①莽莽②；大河上下，顿失滔滔③。

山舞银蛇，原驰蜡象，欲与天公④试比高。

须晴日，看红装素裹⑤，分外妖娆⑥。

江山如此多娇，引无数英雄竞折腰。

惜秦皇汉武，略输文采⑦；

唐宗宋祖，稍逊风骚⑧。

一代天骄，成吉思汗，只识弯弓射大雕。

俱往矣⑨，数风流人物⑩，还看今朝。

——选自《歌未竟，东方白：毛泽东诗词25首精赏》，朱向前著，东方出版社，2021，第48页。

难点注释

①余：剩下。一作"馀"。

②莽莽（mǎng mǎng）：无边无际。

③顿失滔滔:(黄河)顿时失去了波涛滚滚的气势。描写黄河水结冰的景象。

④天公:指天,即命运。

⑤红装素裹(guǒ):形容雪后天晴,红日和白雪交相辉映的壮丽景色。红装,原指妇女的艳装,这里指红日为大地披上了红装。素裹,原指妇女的淡妆,这里指皑皑白雪覆盖着大地。

⑥妖娆(yāo ráo):娇艳妖媚。

⑦略输文采:文采本指辞藻、才华。"略输文采",是说秦始皇、汉武帝在文学才华方面的成就略有逊色。

⑧稍逊风骚:意近"略输文采"。风骚,本指《诗经》里的《国风》和《楚辞》里的《离骚》,后来泛指文章辞藻。

⑨俱往矣:都已经过去了。俱,都。

⑩数风流人物:称得上能建功立业的英雄人物。数,数得着、称得上的意思。

❀古文今译❀

北方的风光,千里冰封冻,万里雪花飘。眺望长城内外,只剩下白茫茫的一片。宽广的黄河上下,河水顿时失去了滔滔气势。连绵的群山好像一条条银蛇蜿蜒游走,高原上的丘陵好像许多白象在奔跑,它们似乎想要与苍天比试一下高低。等到晴天的时候,看红日和白雪交相辉映,格外娇艳妖媚。

江山是如此的壮丽,引得古往今来无数的英雄豪杰为之倾倒。只可惜像秦始皇、汉武帝这样勇武的帝王,略差文学才华;英明的唐太宗、宋太祖,在文治方面也有不足。称雄一世的天之骄子成吉思汗,却只知道拉弓射大雕。这些都已经过去了,称得上能建功立业的英雄人物,还要看现在的我们。

❖作品解读❖

这首词作于1936年2月,毛泽东等率领红军由陕北准备东渡黄河进入山西省西部的时候。开头三句,总揽全局,极尽苍茫壮丽的景象。上阕描写了长城内外、黄河上下的景象,又写了雪后的山峦和高原,在读者面前展开了一幅气象雄浑、庄严雄伟的画卷。下阕从眼前的风光、祖国河山的壮丽,引出一个个英雄人物。不论是秦皇、汉武、唐宗、宋祖,还是成吉思汗,个个雄才武略。但有的只凭武力征服天下,在文治方面却略显不足。接着作者笔锋一转,突出表现了革命新时代英雄人物主宰河山的历史作用。这首词写严寒的冬天却不见凄凉,而是充满蓬勃生机,气魄强大,震人心弦。

赏读篇目二　黄山小记(节选)

赏读日期:＿＿＿＿＿＿＿＿＿＿＿

心得感悟:＿＿＿＿＿＿＿＿＿＿＿

＿＿＿＿＿＿＿＿＿＿＿

作者档案

菡子(1921—2003),又名方晓,江苏溧阳人,著名作家,中共党员。1936年开始发表作品,1937年肄业于无锡竞志女子高中,1938年参加新四军。曾任《淮南大众》总编辑、山东省妇联宣传部部长、华东妇联宣传部部长、中共安徽省委宣传部处长、上海文艺出版社编审、中国作家协会上海分会第四届副主席。著有小说集《纠纷》《前方》,散文集《和平博物馆》《前线的颂歌》《初晴集》《乡村集》《素花集》等。

《原文赏读》

黄山小记(节选)

菡子

（一）

黄山在影片和山水画中是静静的,仿佛天上仙境,好像总在什么辽远而悬空的地方;可是身历其境,你可以看到这里其实是生气蓬勃的,万物在这儿生长发展,是最现实而活跃的童话诞生的地方。

从每一条小径走进去,阳光仅在树叶的空隙中投射过来星星点点的光彩,两旁的小花小草却都挤到路边来了;每一棵嫩芽和幼苗都在生长,无处不在使你注意:生命!生命!生命!就在这些小路上,我相信许多人都观看过香榧的萌芽,它伸展翡翠色的扇形,触摸得到它是"活"的。新竹是幼辈中的强者,静立一时,看着它往外钻,撑开根上的笋衣,周身蓝云云的,还罩着一层白绒,出落在人间,多么清新!这里的奇花都开在高高的树上,望春花、木莲花,都能与罕见的玉兰媲美,只是她们的寿命要长得多;最近发现的仙女花,生长在高峰流水的地方,她涓洁、清雅,穿着白纱似的晨装,正像喷泉的姐妹。她早晨醒来,晚上睡着,如果你一天窥视着她,她是仙荤中最娇弱的幼年了。还有嫩黄的"兰香灯笼"——这是我们替她起的名字,先在低处看见她眼瞳似的小花,登高却看到她放苞了,成了一串串的灯笼,在一片雾气中,她亮晶晶的,在山谷里散发着一阵阵的兰香味,仿佛真是在喜庆之中;杜鹃花和高山玫瑰个儿矮些,但她们五光十色,异香扑鼻,人们也不难发现她们的存在。紫蓝色的青春花,暗红的灯笼花,也能攀山越岭,四处丛生,她们是行人登高热烈的鼓舞者。在这些植物的大家庭里,我认为还是叶子耐看而富有生气,它们形状各异,大小不一,有的纤巧,有的壮丽,有的是花是叶巧不能辨;叶子兼有红黄紫绿各种不同颜色,就是通称的绿叶,颜色也有深浅,万绿丛中一层层地深或一层层地浅,深的葱葱郁郁,油绿欲滴,浅的仿佛玻璃似的透明,深浅相间,正构成林中幻丽的世界。这里的草也是有特色的,悬岩上挂着长须(龙须草);沸水烫过三遍的幼草还能复活(还魂草);有一种草,一百斤中可以炼出三斤铜来;还有仙雅的灵芝草,既然也长在这儿,不知可肯屈居为它们的同类?黄山树木中最有特色的要算松树了,奇美挺秀,蔚然可观,日没中的万松林,映在纸上是世上少有的奇妙的剪影。松树大都长在石头缝里,只要有一层尘土就能立脚,往往在断崖绝壁的地方伸展着它们的枝翼,塑造了坚强不屈的形象。"迎客松""异萝松""麒麟松""凤凰松""黑虎松",都是松中之奇,莲花峰前的"蒲团松"顶上,可围坐七人对饮,这是多么有趣的事。

（二）

从黄山发出最高音的是瀑布流泉。有名的"人字瀑""九龙瀑""百丈瀑"并非常常可以看到,但是急雨过后，水自天上来，白龙骤下，风声瀑声，响彻天地之间，"带得风声入浙川"，正是它一路豪爽之气。平时从密林里观流泉，如兰如带，缭绕林间，往往和飘泊的烟云结伴同行。路边的溪流淙淙作响，有人随口念道："人在泉上过，水在脚边流"，悠闲自得可以想见。可是它绝非静物，有时如一斛珍珠迸发，有时如两丈白缎飘舞，声貌动人，乐于与行人对歌。温泉出自朱砂，有时可以从水中捧出它的本色，但它汇聚成潭，特别在游泳池里，却好像是翠玉色的，蓝得发亮，像晴明的天空。

　　在狮子林清凉台两次看东方日出：第一次去迟了些，我只能为一片雄浑瑰丽的景色欢呼，内心洋溢着燃烧般的感情，第二次我才虔诚地默察它的出现。先是看到乌云镶边的衣裙，姗姗移动，然后太阳突然上升了，半圆形的，我不知道它有多大，它的光辉立即四射开来，随着它的上升，它的颜色倏忽千变，朱红、橙黄、淡紫……它是如此灿烂、透明，在它的照耀下万物为之增色，大地的一切也都苏醒了，可是它自己却在统体的光亮中逐渐隐着身子，和宇宙融成一体。如果我不认识太阳，此时此景也会用这个称号去称赞它。云彩在这山区也是天然的景色，住在山上，清晨，白云常来作客，它在窗外徘徊，伸手可取，出外散步，就踏着云朵走来走去。有时它们迷漫一片使整个山区形成茫茫的海面，只留最高的峰尖，像大海中的点点岛屿，这就是黄山著名的云海奇景。我爱在傍晚看五彩的游云，它们扮成侠士仕女，骑龙跨凤，有盛装的车舆，随行的乐队，当他们列队缓缓行进时，隔山望去，有时像海面行舟一般。在我脑子里许多美丽的童话，都是由这些游云想起来的。黄山号称七十二峰，各有自己的名称，什么莲花峰，始信峰，天都峰、石笋峰……或像形或寓意各有其肖似之处。峰上由怪石奇树形成的"采莲船""五女牧羊""猴子观桃""喜鹊登梅""梦笔生花"等等，胜过匠人巧手的安排。对那连绵不绝的峰部，我愿意远远地从低处看去，它们与松树相接，映在天际，黑白分明，真有锦绣的感觉。

　　　　　　　　　　　　——选自《现代散文鉴赏辞典》，贾植芳主编，上海辞书出版社，2003，第 1093—1095 页。

作品解读

　　《黄山小记》是一篇热情洋溢、充满诗意的游记，本文节选了其中的两部分内容。在节选一中，作者先写黄山的林木花卉，并且用第一人称的视角，带我们走进了这座山。从路边的小花小草、香榧、新竹等一直写到松树，为我们描绘了一幅绝妙的山林之景。在节选二中，作者以较多的篇幅写了黄山的流泉飞瀑和云雾日出。让我们能直观地感受到黄山的秀丽、壮美。

　　在这篇文章中，作者运用比喻、拟人、通感等修辞手法，将景物描写得十分生动、贴切，如"两旁的小花小草却都挤到路边来了"中的"挤"字，活脱脱表现了花草茂密、鲜活和动人的姿态。山林给人的印象是静态的，但是作者却把山林写活了，似乎花儿会起舞，草儿会唱歌，溪流会说话，它们仿佛都在设法表现自己，向游人兴奋地欢呼：生命！生命！生命！

阅读随感

　　一棵棵饱含生命力的树木，是大自然对人类最深切的荫佑。它在呼吸间带来新鲜的氧气，尤其是那些伫立千百年的树，更于无声处见证了一座城市的历史变迁，给无数人以归属感和温暖。

　　绿色是黄山最亮的底色，生态是黄山最大的优势。生态环境保护是功在当代、利在千秋的事业，因此要像保护眼睛一样保护生态环境，像对待生命一样对待生态环境，要坚定"绿水青山就是金山银山"理念，做绿色低碳生活的践行者。

赏读篇目三　天山景物记(节选)

赏读日期：_____

心得感悟：_____

_____

作者档案

碧野(1916—2008)，原名黄潮洋，广东大埔人，著名作家、散文家，其创作实践贯穿抗战、解放战争和中华人民共和国成立后。历任莽原出版社总编辑、华北大学教师、中国作家协会名誉委员、中国作家协会湖北分会副主席。2008年2月，被湖北省人民政府授予"终身成就艺术家"荣誉称号。主要作品有长篇小说《我们的力量是无敌的》《阳光灿烂照天山》《丹凤朝阳》，散文集《情满青山》《月亮湖》等。

原文赏读

天山景物记(节选)

碧野

在天山峰峦的高处，常常出现有巨大的天然湖，就像美女晨妆时开启的明净的镜面。湖面平静，水清见底，高空的白云和四周的雪峰清晰地倒影水中，把湖山天影融为晶莹的一体。在这幽静的湖中，唯一活动的东西就是天鹅。天鹅的洁白增添了湖水的明净，天鹅的叫声增添了湖面的幽静。人家说山色多变，而事实上湖色也是多变，如果你站立高处瞭望湖面，眼前是一片爽心悦目的碧水茫茫，如果你再留意一看，接近你的视线的是鳞光闪闪，像千万条银鱼在游动，而远处平展如镜，没有一点纤尘或者没有一根游丝的侵扰。湖色越远越深，由近到远，是银白、淡蓝、深青、墨绿，界线非常分明。传说中有这么一个湖是古代一个不幸的哈萨克少女滴下的眼泪，湖色的多变是象征着那个古代少女的万种哀愁。

就在这个湖边，传说中的少女的后代子孙们现在已在放牧着羊群。湖水滋润着湖边的青草，青草喂胖了羊群，羊奶哺育着少女的后代子孙。当然，这象征着哈萨克族不幸的湖，今天已经变为实际的幸福湖。

山高爽朗，湖边清净，日里披满阳光，夜里缀满星辰，牧民们的蒙古包随着羊群环湖周游，他们的羊群一年年繁殖，他们恋爱、生育，他们弹琴歌唱自己幸福的生活。

高山的雪水汇入湖中，又从像被一刀劈开的峡谷岩石间，深落到千丈以下的山涧里去，水从悬崖上像条飞练地泻下，即使站在几十里外的山头上，也能看见那飞练的白光。如果你走到悬崖跟前，脚下就会受到一种惊心动魄的震撼。俯视水练冲泻到深谷的涧石上，溅起密密的飞沫，在日中的阳光下，形成濛濛的瑰丽的彩色水雾。就在急湍的涧流边，绿色的深谷里也散布着一顶顶牧民的蒙古包，像水洗的玉石那么洁白。

　　如果你顺着弯弯曲曲的涧流走,沿途汇入千百泉流就逐渐形成溪流,然后沿途再汇入涧流和溪流,就形成河流奔腾出天山。

　　就在这种深山野谷的溪流边,往往有着果树夹岸的野果子沟。春天繁花开遍峡谷,秋天果实压满山腰。每当花红果熟,正是鸟雀野兽的乐园。这种野果子沟往往不为人们所发现。其中有这么一条野果子沟,沟里长满野苹果,连绵五百里。春天,五百里的苹果花开无人知,秋天,五百里成熟累累的苹果无人采。老苹果树凋枯了,更多的新苹果树茁长起来。多少年来,这条五百里长沟堆积了几丈厚的野苹果泥。

　　现在,已经有人发现了这条野苹果沟,开始在沟里开辟猪场,用野苹果来养育成群成群的乌克兰大白猪;而且有人已经开始计划在沟里建立酿酒厂,把野苹果酿造成大量芬芳的美酒,让这大自然的珍品化成人们的血液,增进人们的健康。

　　朋友,天山的丰美景物何止这些,天山绵延几千里,不论高山、深谷,不论草原、湖泊,不论森林、溪流,处处都有丰饶的物品,处处都有奇丽的美景,你要我说我可真说不完,如果哪一天你有豪情去游天山,临行前别忘了通知我一声,也许我可能给你当一个不很出色的向导。当向导在我只是一个漂亮的借口,其实我私心里也很想找个机会去重游天山。

　　　　——选自《现代散文鉴赏辞典》,贾植芳主编,上海辞书出版社,2003,第962—964页。

作品解读

　　《天山景物记》是以记叙天山景致与物产为主要内容的记游散文,作者以一个导游的身份,向读者介绍天山的景物,本文节选了《天山景物记》中"天然湖与果子沟"的内容。

　　作者在描写风景时,运用大量的比喻和丰富的联想,如天然湖就像美女晨妆时开启的明净的镜面;湖色的多变象征着古代少女的万种哀愁;高山的雪水汇入湖中,又从像被一刀劈开的峡谷岩石间,深落到千丈以下的山涧里去等。同时,作者也很注重对色彩的描写和运用,将天山的湖、溪流写得鲜明生动、美丽多彩。

　　此外,作者在描写天山物产丰富时,也不忘将其与民生结合,除了写牧民在湖边放牧,还写了当地人在果子沟养猪、造酿酒厂,使人感受到当地人民生活的宁静与美好。作者把对天山的热爱之情都蕴藏在对天山景物和对当地人民生活的描写中,热情赞颂祖国美丽富饶的自然景色,结尾处表达了"重游天山"的意愿,表现了作者对这片土地的深深眷恋之情。

名句荟萃

1.人烟寒橘柚,秋色老梧桐。　　　　　　　　　　　　　　　　——李白

2.野旷天低树,江清月近人。　　　　　　　　　　　　　　　　——孟浩然

3.银烛秋光冷画屏,轻罗小扇扑流萤。　　　　　　　　　　　　——杜牧

4.自古逢秋悲寂寥,我言秋日胜春朝。　　　　　　　　　　　　——刘禹锡

5.梅子金黄杏子肥,麦花雪白菜花稀。　　　　　　　　　　　　——范成大

6.人闲桂花落,夜静春山空。　　　　　　　　　　　　　　　　——王维

7.荷风送香气,竹露滴清响。　　　　　　　　　　　　　　　　——孟浩然

8.一道残阳铺水中,半江瑟瑟半江红。　　　　　　　　　　　　——白居易

9.独出门前望野田,月明荞麦花如雪。　　　　　　　　　——白居易

10.叶上初阳干宿雨,水面清圆,一一风荷举。　　　　　　——周邦彦

11.风烟俱净,天山共色。　　　　　　　　　　　　　　　——吴均

12.银鞍照白马,飒沓如流星。　　　　　　　　　　　　　——李白

13.柴门闻犬吠,风雪夜归人。　　　　　　　　　　　　　——刘长卿

14.星垂平野阔,月涌大江流。　　　　　　　　　　　　　——杜甫

15.月落乌啼霜满天,江枫渔火对愁眠。　　　　　　　　　——张继

16.千里黄云白日曛,北风吹雁雪纷纷。　　　　　　　　　——高适

17.春水碧于天,画船听雨眠。　　　　　　　　　　　　　——韦庄

18.孤舟蓑笠翁,独钓寒江雪。　　　　　　　　　　　　　——柳宗元

19.寂寞空庭春欲晚,梨花满地不开门。　　　　　　　　　——刘方平

20.鸟宿池边树,僧敲月下门。　　　　　　　　　　　　　——贾岛

21.满堂花醉三千客,一剑霜寒十四州。　　　　　　　　　——贯休

22.菱叶萦波荷飐风,荷花深处小船通。　　　　　　　　　——白居易

23.秋阴不散霜飞晚,留得枯荷听雨声。　　　　　　　　　——李商隐

24.月明船笛参差起,风定池莲自在香。　　　　　　　　　——秦观

25.燕子来时新社,梨花落后清明。　　　　　　　　　　　——晏殊

26.花褪残红青杏小。燕子飞时,绿水人家绕。　　　　　　——苏轼

27.软泥上的青荇,油油的在水底招摇;在康河的柔波里,我甘心做一条水草!　　——徐志摩

28.要一个黄昏,满是风,和正在落下的夕阳。如果麦子刚好熟了,炊烟恰恰升起。那只白鸽贴着水面飞过,栖息于一棵芦苇。而芦苇正好准备了一首曲子。如此,足够我爱这破碎泥泞的人间。　　——余秀华

单元寄语

"野旷沙岸净,天高秋月明。""江作青罗带,山如碧玉簪。"每每读到这些脍炙人口的诗句,总是不禁惊叹于诗人笔下那如画的景致,感叹大自然的鬼斧神工。在我国辽阔的疆域上,这样的美景不胜枚举。越是了解自然之美,越是珍惜与大自然的和谐共处。

中职生应当怀着对大自然的热爱与崇敬之情,带着对祖国的骄傲与自豪,去探寻、去领略更多的壮美风光。

主题单元 三

勤学惜时——业精于勤荒于嬉

单元导语

　　"书中自有黄金屋,书中自有颜如玉。""黑发不知勤学早,白首方悔读书迟。""知识就是力量!""书籍是人类进步的阶梯。"……古今中外,谈论读书的文章浩如烟海,足见读书对于人生的重要性。读书可以帮助我们增长知识、开阔眼界、丰富内心,进而提高自我修养,塑造健全的人格。

　　人生有限,时间宝贵。奋斗吧,少年! 愿每一个人都能勤奋学习,不负青春,成为更好的自己!

经 典 诵 读

诵读篇目一 劝学(节选)

诵读日期：_____

心得感悟：_____

_____

作者档案

荀子(约公元前313—前238)，名况，时人尊而号为"卿"，战国末思想家、教育家。韩非、李斯皆其学生。荀子批判和总结了先秦诸子的学术思想，达到先秦哲学的高峰。反对天命、鬼神之说，肯定"天行有常，不为尧存，不为桀亡"，即自然运行法则是不以人们的意志为转移的客观存在，并提出"制天命而用之"的思想。荀子认为人性生来是"恶"的，人要有"师法之化，礼仪之道"，才可以为善。政治上主张礼法兼治，王霸并用。所作散文说理透辟，结构严谨，《荀子》中的《赋篇》对汉赋的兴起有一定影响。

原作诵读

劝学(节选)

〔先秦〕荀子

君子①曰：学不可以已。青，取之于蓝而青于蓝；冰，水为之而寒于水。木直中绳②，輮③以为轮，其曲中规，虽有槁暴④，不复挺者，輮使之然也。故木受绳则直，金就砺⑤则利，君子博学而日参省乎己，则知明而行无过矣。故不登高山，不知天之高也；不临深豁，不知地之厚也；不闻先王之遗言，不知学问之大也。吾尝终日而思矣，不如须臾⑥之所学也；吾尝跂⑦而望矣，不如登高之博见也。登高而招，臂非加长也，而见者远；顺风而呼，声非加疾⑧也，而闻者彰⑨。假⑩舆马者，非利足也，而致千里；假舟楫者，非能水也，而绝江河。君子生⑪非异也，善假于物也。

积土成山，风雨兴焉⑫；积水成渊，蛟龙生焉；积善成德，而神明⑬自得，圣心⑭备焉。故不积跬步⑮，无以致千里；不积小流，无以成江海。骐骥一跃，不能十步；驽马十驾，功在不舍。锲⑯而舍之，朽木不折；锲而不舍，金石可镂。蚓无爪牙之利，筋骨之强，上食埃土，下饮黄泉，用心一也。蟹六跪⑰而二螯，非蛇鳝之穴无可寄托者，用心躁也。

——选自《古文鉴赏辞典》(第2版)，汤克勤主编，崇文书局，2020，第83页。

难点注释

①君子:这里指有学问、有修养的人。

②中绳:(木材).合乎拉直的墨线。木工用拉直的墨线来取直。

③鞣:同"煣",使弯曲。

④虽有槁暴:即使又晒干了。有,同"又"。槁,枯。暴,晒。

⑤就砺:拿到磨刀石上去磨。就,动词,接近、靠近。砺,磨刀石。

⑥须臾:片刻。

⑦跂:提起脚后跟。

⑧疾:强,这里指声音洪大。

⑨彰:清楚。

⑩假:借助,利用。

⑪生:同"性",资质、禀赋。

⑫兴焉:在这里兴起。兴,起。焉,指示代词兼语气词,相当于"于此",可译为"从这里"或"在这里"。

⑬神明:指人的智慧。

⑭圣心:圣人之心,通明的思想。

⑮跬步:古代称跨出一脚为"跬",跨出两脚为"步"。

⑯锲:刻。

⑰跪:蟹腿。

古文今译

　　君子说:学习是不可以停止的。靛青,是从蓼蓝中提取出来的,但比蓼蓝颜色更深;冰,是水凝固而成的,但比水更寒冷。木材合乎拉直的墨线,将它烘烤弯曲做成车轮,其曲度合乎圆规的要求;即使晒干了,也不能使它恢复到原来那么直了,这是因为烘烤弯曲使它成为这样的。因此木材经墨线比量后才能变直,金属制的刀剑拿到磨刀石上磨过才锋利,君子如果博学而又每天对自己省察,那么就能智慧明达而且行为没有过错了。

　　因此不登上高山,就不知天多么高;不面临深涧,就不知地多么厚;不懂得先代帝王的遗教,就不知道学问的博大。我曾经整天苦思冥想,却不如片刻学习收获大;我曾经提起脚后跟向远方望,却不如登上高处见得多,看得远。登上高处招手,手臂没有加长,但人在远处也能看得见;顺着风呼唤,声音没有增强,但人听到得很清楚。利用车马远行的人,并不是脚走得快,却能行千里路;利用船桨渡河的人,并不善于游水,却能横渡江河。君子的本性同一般人没有差别,只是他善于利用外物罢了。

　　堆积泥土成为高山,风雨就会在这里兴起;汇积水流成为深渊,蛟龙就会在这里生长;积累善行,养成高尚的品德,自然会得到智慧,具有通明的思想。所以不从一步两步开始积累,就不可能到达千里之外的地方;不汇聚细流,就不可能汇成江海。骏马一跃,不能超过十步;劣马拉车走上十天也能到达,它的成绩来源于它不停地走。用刀刻东西,如果刻几下就停下,即使是朽木,也刻不断;如果不停地刻下去,即使是金石,也能雕刻成功。蚯蚓没有锐利的爪牙和强壮的筋骨,但上能吃到泥土,下能喝到泉水,这是它用心专一的缘故。螃蟹有六只蟹腿和两只蟹钳,但如果没有蛇、鳝的洞穴就没有地方藏身,这是它用心浮躁的缘故。

作品解读

　　这篇文章通过一些生动的事例和巧妙的比喻,分别从学习的目的、重要性、态度和方法等方面,全面而深刻地论述了有关学习的问题,强调了后天学习和积累的重要性。

第一段论述了学习的重要性。作者通过将"青"和"蓝"、"冰"和"水"等进行对比,说明学习是无止境的,学习可以帮助我们达到"知明而行无过"的境界。第二段论述了学习的方法。作者通过运用许多恰当、精彩的对比,如登高而望、顺风而呼、利用马车远行、利用船桨渡河等,说明人要通过不断学习提升自己,这样才能达到事半功倍的效果。第三段论述了学习的态度。作者以积土成山、积水成渊、积善成德、不积小流无以成江海、良马与驽马、蚯蚓与螃蟹等正反设喻,说明学习知识贵在坚持、积累,同时告诫人们应戒骄戒躁。

文章语言精练,数喻并举,并且大量运用了排比句和对偶句,句法骈俪,警句连篇,不仅具有启迪意义,还具有浓厚的文学色彩,为后世广泛传诵。

诵读篇目二　长歌行三首·其一

诵读日期:＿＿＿＿＿＿＿＿＿＿＿＿＿

心得感悟:＿＿＿＿＿＿＿＿＿＿＿＿＿＿＿＿＿＿＿＿＿＿＿＿＿＿＿
＿＿＿＿＿＿＿＿＿＿＿＿＿＿＿＿＿＿＿＿＿＿＿＿＿＿＿

作品档案

汉乐府最开始是指主管音乐的机构,它的主要任务是制定乐谱、训练乐工、采集民歌等,以备朝廷祭祀或宴会时演奏之用。乐府诗指由汉代(公元前202—220)乐府机关所采制的诗歌。这些诗大多原本在民间流传,由乐府保存下来,汉人叫作"歌诗",魏晋时开始称"乐府"或"汉乐府"。现在流传下来的汉代乐府诗,绝大多数被宋朝人郭茂倩收入他编撰的《乐府诗集》中。《乐府诗集》现存汉乐府民歌40多篇,大多数是东汉时期作品。

乐府诗是继《诗经》之后,对中国古代民歌的又一次大汇集,乐府诗创作的基本原则是"感于哀乐,缘事而发"(《汉书·艺文志》)。它继承《诗经》现实主义的优良传统,广阔而深刻地反映了汉代的社会现实。乐府诗在艺术上最突出的成就表现在它的叙事性方面;其次是它善于选取典型细节,通过人物的言行来表现人物性格。乐府诗在形式上采用杂言和五言,灵活多变,对中国古典诗歌的发展具有深远的影响。

原作诵读

长歌行三首·其一

汉乐府

青青园中葵①,朝露待日晞②。

阳春布德泽③,万物生光辉。

常恐秋节至,焜黄④华叶衰。

百川东到海,何时复西归。

少壮不努力,老大徒⑤伤悲。

——选自《汉乐府全集》,曹胜高、岳洋峰辑注,崇文书局,2018,第76页。

难点注释

①葵:一种蔬菜。

②晞:天亮,引申为阳光照耀。

③布德泽:布,布施。德泽,恩惠,这里指雨露阳光。

④焜(kūn)黄:草木凋落枯黄的样子。

⑤徒:白白地。

古文今译

　　园中长满了碧绿的葵菜,朝露在旭日下如晶莹的翡翠。春天的阳光把温暖布施给大地,让万物焕发出生命的光辉。常常担心肃杀的秋天来临,红花绿叶转瞬变得枯黄衰微。无数条河流奔腾向东流入大海,时光流逝什么时候才能再回? 人在年轻时不知道发奋努力,年岁大了只能徒然地后悔伤悲。

作品解读

　　这首诗以循循善诱的口吻,劝导年轻人要珍惜时光,发奋苦读,不要等到年老了一事无成,后悔莫及。起首四句,诗人托物起兴,由园中葵菜的蓬勃生长联想到整个自然界,由于有阳光雨露的恩泽,所以万物都闪耀着生命的光辉。作者在这里借物喻人,是对人生最宝贵青春的礼赞。万物缘何如此努力地生长,是因为惧怕肃杀的秋天很快到来。大自然如此,人生又何尝例外,一个人如果不趁着美好的时光去努力奋斗,让宝贵的青春付之东流,等到年老之时会后悔莫及。

　　此诗借物言理,深沉含蓄,出言警策,深深地打动了后世读者的心,让人在极富感染力的形象描写中,体味到光阴之可贵,青春之短暂。

诵读篇目三　杂诗十二首·其一

诵读日期:＿＿＿＿＿＿＿＿＿＿＿＿＿

心得感悟:＿＿＿＿＿＿＿＿＿＿＿＿＿＿＿＿＿＿＿＿＿＿＿＿＿

作者档案

陶渊明(约365—427),名潜,字元亮,别号五柳先生,私谥靖节,世称"靖节先生",浔阳柴桑(今江西九江)人,东晋诗人。曾任江州祭酒、镇军参军、彭泽令等职,后去职归隐,绝意仕途。长于诗文辞赋,诗多描绘田园风光及其在农村生活的情景,其中往往隐喻着他对污浊官场的厌恶和不愿同流合污的精神,以及对太平社会的向往;也写及对人生短暂的焦虑和顺应自然、乐天安命的人生观念,有较多哲理成分。其诗的艺术特色兼有平淡与爽朗之胜,语言质朴自然,而又颇为精练,具有独特风格。其散文《桃花源记》,辞赋《归去来辞》《闲情赋》都很有名。著有《陶渊明集》。

原作诵读

杂诗十二首·其一

〔晋〕陶渊明

人生无根蒂①,飘如陌②上尘。

分散逐风转,此已非常身。

落地为兄弟,何必骨肉亲!

得欢当作乐,斗酒聚比邻③。

盛年④不重来,一日难再晨。

及时当勉励,岁月不待人。

——选自《陶渊明诗文鉴赏辞典》,上海辞书出版社文学鉴赏辞典编纂中心编,

上海辞书出版社,2020,第183页。

难点注释

①根蒂:根是物体的下部分或与基部相连的部分,蒂是花或瓜果与枝茎相连的部分。根蒂可引申为事物的根基或基础。

②陌:田间的小路。

③比邻:近邻。

④盛年:壮年。

古文今译

人生在世就如无根之木、无蒂之花,又好似大路上随风飘转的尘土。

生命随风飘转,人生历尽了艰难,人们都已不再是最初的样子了。

来到这个世界上的都应该成为兄弟,又何必只是骨肉之亲呢?

遇到高兴的事就应当作乐,有酒就要邀请近邻一起畅饮。

美好的青春岁月一旦过去便不会再来,一天之中永远看不到第二次日出。

应当趁年富力强之时勉励自己努力奋斗,光阴流逝,并不等待人。

作品解读

　　这首诗可分为三个部分。前四句为第一部分,作者感叹人生无常。由于命运变幻莫测,人生漂泊不定,人也被生活中的遭遇和变故所改变,再也不是最初的自己。作者将人生比作无根之木、无蒂之花、陌上之尘,在写出自己深刻的人生体验的同时,其内心的悲怆之情也跃然纸上。中间四句为第二部分,承前启后。既然人活在世上最后都不是最初的自己,那么做兄弟又何必只限于骨肉血亲。作者在官场上失意苦闷,转而从仕途之外的乡村生活中寻求精神上的欢乐,"斗酒聚比邻"正是和谐的人际关系和欢乐的乡村生活的写照。末尾四句为第三部分,常被人们用来勉励年轻人要抓紧时机,珍惜时光,努力学习,奋发向上。

　　这首诗从人生与命运不可把握起笔,读来使人感到迷惘、沉痛。接着诗歌的情感基调又稍稍振起,作者执着地在生活中寻找友爱和欢乐,这又给人一线希望。篇末慷慨激越,使人为之振奋。全诗用语朴实无华,取譬平常,然质如璞玉,内蕴丰富,发人深省。

诵读篇目四　师说

诵读日期:＿＿＿＿＿＿＿＿＿＿＿＿＿＿＿＿＿＿＿＿

心得感悟:＿＿＿＿＿＿＿＿＿＿＿＿＿＿＿＿＿＿＿＿

＿＿＿＿＿＿＿＿＿＿＿＿＿＿＿＿＿＿＿＿＿＿＿＿＿＿＿＿

作者档案

　　韩愈(768—824),字退之,河南河阳(今河南孟州)人,唐代文学家、哲学家。自谓"郡望昌黎",世称"韩昌黎"。早孤,由兄嫂抚养,刻苦自学。贞元进士。曾任监察御史、国子博士、刑部侍郎等职,晚年官至吏部侍郎。谥号"文",世称"韩文公"。

　　韩愈力反六朝以来的骈俪文风,提倡散体,与柳宗元同为古文运动的倡导者,并称"韩柳"。其散文在继承先秦、两汉古文的基础上,加以创新和发展,气势雄健,被列为"唐宋八大家"之首。其诗风奇崛雄伟,力求新警,有时流于险怪。又善为铺陈,好发议论,后世有"以文为诗"之评,对宋诗影响颇大。诗与孟郊齐名,并称"韩孟"。著有《昌黎先生集》等。

原作诵读

师说

〔唐〕韩愈

　　古之学者①必有师。师者,所以②传道受③业解惑也。人非生而知之者,孰能无惑?惑而不从师,其为惑也,终不解矣。生乎吾前,其闻④道也,固先乎吾,吾从而师之;生乎吾后,其闻道也,亦先乎吾，吾从而师之。吾师道也，夫庸⑤知其年之先后生于吾乎？是故无贵无贱，无长无少，道之所存，师之所存也。

嗟乎，师道⑥之不传也久矣，欲人之无惑也难矣！古之圣人，其出人⑦也远矣，犹且从师而问焉；今之众人，其下圣人也亦远矣，而耻学于师。是故圣益圣，愚益愚。圣人之所以为圣，愚人之所以为愚，其皆出于此乎？

爱其子，择师而教之，于其身也，则耻师焉，惑矣！彼童子之师，授之书而习其句读⑧者，非吾所谓传其道解其惑者也。句读之不知，惑之不解，或师焉，或不⑨焉，小学而大遗，吾未见其明也。

巫医、乐师、百工之人，不耻相师⑩。士大夫之族，曰师、曰弟子云者，则群聚而笑之。问之，则曰："彼与彼年相若⑪也，道相似也。"位卑则足羞，官盛则近谀。呜呼！师道之不复可知矣！巫医、乐师、百工之人，君子不齿⑫，今其智乃反不能及，其可怪也欤！

圣人无常师。孔子师郯子、苌弘、师襄、老聃。郯子之徒，其贤不及孔子。孔子曰："三人行，则必有我师。"是故弟子不必⑬不如师，师不必贤于弟子，闻道有先后，术业有专攻，如是而已。

李氏子蟠，年十七，好古文，六艺经传，皆通习之，不拘于时，学于余。余嘉其能行古道，作《师说》以贻之。

——选自《诗词文曲鉴赏·古文》，上海辞书出版社文学鉴赏辞典编纂中心编，上海辞书出版社，2020，第156页。

难点注释

①学者：求学的人。

②所以：用来……的，……的凭借。

③受：同"授"，传授。

④闻：知道，懂得。

⑤庸：岂，哪。

⑥师道：从师的风尚。

⑦出人：超出（一般）人。

⑧句读：古人指文辞休止和停顿处。文辞语意已尽处为句，未尽而须停顿的地方为读。

⑨不：同"否"。

⑩相师：拜别人为师。

⑪相若：差不多。

⑫不齿：不屑与之同列，羞与为伍，意思是看不起。齿，并列、排序。

⑬不必：不一定。

古文今译

古代求学的人必定有老师。老师，是用来传授道理、教给学业、解释疑难问题的人。人不是生下来就懂得道理的，谁能没有疑惑呢？有了疑惑却不请教老师，那些疑惑最终得不到解决啊。出生在我之前的人，懂得道理本来就比我早,我跟从他,拜他为师;出生在我后面的人,懂得道理如果也比我早,我跟从他并拜他为师。我是向他学习道理,哪管他的年龄比我大还是比我小呢?所以无论是地位高贵的还是地位低下的,无论是年长的还是年少的,道理存在的地方,就是老师所在的地方。

唉,从师的风尚已经很久不流传了,想要人们没有疑惑很难做到啊!古代的圣人,他们远远超出了一般人,尚且还跟从老师学习,向老师请教;现在的一般人,他们远远不如圣人,却以向老师学习为耻辱。所以圣人就更加圣明,愚人就更加愚昧。圣人之所以成为圣人,愚人之所以成为愚人,都是出自这一缘故吗?

人们爱自己的孩子,选择好的老师来教孩子,可是他们自己,则以从师为耻,这真是太糊涂了!那个小孩子的老师,是教给他知识,帮助他学习文句的人,不是我所说的传授道理、解答疑难问题的人。句读不明,疑惑不解,前者倒从师学习,后者却不从师学习,小的方面倒要学习,大的方面却放弃了,我看不出他们有什么明智的。

巫医、乐师和各种工匠,他们不以拜别人为师为耻辱。士大夫这一类人,如果有谁称"老师"称"弟子"等就成群地聚集起来耻笑他。问那些耻笑别人的人,他们就说:"两个人年龄差不多,懂得的道理也相似。"如果以地位低的人为师,就感到耻辱,以官职高的人为师就近乎谄媚。唉!尊师、从师的风尚不能恢复的原因,可以知道了。巫医、乐师和各种工匠,士大夫们不屑与之同列,现在士大夫们的智慧竟反而赶不上他们,真是使人感到奇怪啊!

圣人没有固定的老师。孔子曾以郯子、苌弘、师襄、老聃为师。郯子这些人,他们的德行、才能比不上孔子。孔子说:"三个人同行,里面就一定有可以当我老师的人。"所以弟子不一定不如老师,老师不一定比弟子的德行、才能高,懂得道理有先有后,学问和技艺上各有各的专门研究,如此罢了。

李家的孩子叫蟠,今年十七岁,爱好古文,六经的经文和传文都普遍学习,他不受时俗的限制,在我这里学习。我赞许他能遵循古人从师之道,写《师说》赠送给他。

作品解读

这篇文章阐述了"学者必有师"的道理,批判了当时一些士大夫耻于从师的不良风气,鼓励年轻人大胆从师学习,不耻下问。文章一开始就正面提出论点,指出老师的作用是传道、授业、解惑,并进一步说明"人非生而知之者,孰能无惑?惑而不从师,其为惑也,终不解矣。"接下来,作者指出了从师的标准——"道"。道是指真理和知识,谁掌握了真理和知识,谁就是老师,与身份和年龄无关。

在第二至四段中,作者从三个方面进行对比,反复论证从师学习的必要性,批判时人耻学于师的愚昧行为和荒谬思想。一是用"古之圣人从师而问"与"今之众人耻学于师"对比,结果是圣益圣,愚益愚;二是以大人为孩子习句读择师,与他自己惑之不解却以从师为耻对比,结果是小学而大遗;三是用巫医、乐师、百工之人"不耻相师"与士大夫之族耻于从师的行为对比,结果是士大夫之智反不及前者。三种对比层层深入,具有很强的批判性和讽刺性。

在第五段中,作者又以士大夫们所推崇的孔子为例,指出他也是个不耻下问、乐于从师学习的人,不仅将士大夫们耻笑从师学习这一愚蠢的行径彻底揭穿,也使自己主张从师学习的论点得到了有力的支撑。

这篇文章既有理论依据,也有真实事例,论据充分,逻辑严密,具有很强的说服力。

诵读篇目五　勉学诗

诵读日期：_____

心得感悟：_____
　　　　　_____

作者档案

颜真卿(709—784)，字清臣，琅琊临沂(今山东临沂)人，唐代著名政治家、书法家。开元二十二年(734年)中进士，登甲科，曾4次被任命为监察御史，迁殿中侍御史。代宗时官至吏部尚书、太子太师，封鲁郡公，人称"颜鲁公"。颜真卿创立"颜体"楷书，与赵孟頫、柳公权、欧阳询并称为"楷书四大家"，又与柳公权并称"颜柳"，其二人书法被称为"颜筋柳骨"。善诗文，有《韵海镜源》《礼乐集》《吴兴集》《庐陵集》《临川集》，均佚。宋人辑有《颜鲁公集》。

原作诵读

勉学诗

〔唐〕颜真卿

三更①灯火五更鸡②，正是男儿读书时。

黑发③不知勤学早，白首④方悔读书迟。

——选自《临川古诗释注》，罗崇辉编注，江西高校出版社，2021，第184页。

难点注释

①更：古时夜间计算时间的单位，一夜分五更，每更为两小时。午夜11点到次日凌晨1点为三更。

②五更鸡：天快亮时，鸡啼叫。

③黑发：年少时期，指少年。

④白首：头发白了，这里指老年。

古文今译

三更挑灯夜读，五更鸡鸣即起，这一早一晚正是男儿读书的好时候。

少年不知道早起勤奋学习，到老了后悔读书少就太迟了。

❀作品解读❀

《勉学诗》是一首七言古诗。前两句通过对学习环境的描写来表达年少读书时应该勤奋,后两句通过头发颜色变化来表达学习要趁早。诗人从学习的意义、作用和学习应持的态度方法等角度立意,希望人们重视后天学习,以加强自身的行为修养;劝勉青少年要珍惜少壮年华、勤奋学习、有所作为,否则,到老一事无成,后悔已晚。这首诗语言深入浅出,自然流畅,富含哲理,被广为传诵。

诵读篇目六　送东阳马生序(节选)

诵读日期:＿＿＿＿＿＿＿＿＿＿＿＿＿＿＿＿＿＿＿

心得感悟:＿＿＿＿＿＿＿＿＿＿＿＿＿＿＿＿＿＿＿
　　　　　＿＿＿＿＿＿＿＿＿＿＿＿＿＿＿＿＿＿＿
　　　　　＿＿＿＿＿＿＿＿＿＿＿＿＿＿＿＿＿＿＿

❀作者档案❀

宋濂(1310—1381)字景濂,号潜溪,别号玄真子、玄真道士、玄真遁叟。浦江(今浙江浦江)人,元末明初文学家,曾被明太祖朱元璋誉为"开国文臣之首",学者称其为"太史公"。宋濂与高启、刘基并称为"明初诗文三大家"。其代表作品有《送东阳马生序》《朱元璋奉天讨元北伐檄文》《游琅琊山记》等。

❀原作诵读❀

送东阳马生序(节选)

〔明〕宋濂

余幼时即嗜①学。家贫,无从致书以观,每假借于藏书之家,手自笔录,计日以还。天大寒,砚冰坚,手指不可屈伸,弗之怠②。录毕,走送之,不敢稍逾约③。以是④人多以书假余,余因得遍观群书。既加冠⑤,益慕圣贤之道,又患⑥无硕师⑦名人与游⑧,尝趋⑨百里外,从乡之先达执⑩经叩问。先达德隆望尊⑪,门人弟子填其室,未尝稍降辞色⑫。余立侍左右,援疑质理⑬,俯身倾耳以请。或遇其叱咄⑭,色愈恭⑮,礼愈至⑯,不敢出一言以复,俟⑰其欣悦,则又请焉。故余虽愚,卒获有所闻。

当余之从师也,负箧曳屣⑱,行深山巨谷中。穷冬烈风,大雪深数尺,足肤皲裂⑲而不知。至舍,四肢僵劲不能动,媵人⑳持汤㉑沃灌㉒,以衾㉓拥覆,久而乃和。寓逆旅,主人日再食,无鲜肥滋味之享。同舍生皆被绮绣㉔,戴朱缨宝饰之帽,腰白玉之环,左佩刀,右备容臭㉕,烨然㉖若神人。余则缊袍敝衣㉗处其间,略无慕艳意。以中有足乐者,不知口体之奉不若人也。盖余之勤且艰若此。

今虽耋老,未有所成,犹幸预君子之列,而承天子之宠光,缀公卿之后,日侍坐,备顾问,四海亦谬称其氏名。况才之过于余者乎?

—— 选自《古文鉴赏辞典》,汤克勤主编,崇文书局,2020,第361页。

❈ 难点注释 ❈

①嗜：喜欢，特别爱好。

②弗之怠（dài）：即弗怠之，不懈怠，不放松抄书。

③逾约：超过约定的期限。

④以是：因此。以，以为。是，这样。

⑤加冠（guān）：古代男子二十岁举行加冠礼，表示已经成年。后人常用"冠"或"加冠"表示年已二十。

⑥患：担心。

⑦硕师：学问渊博的老师。

⑧游：交往。

⑨趋：赶到。

⑩执：拿着。

⑪德隆望尊：道德声望高。望，声望，名望。隆，高。

⑫稍降辞色：把言辞放委婉些，把脸色放温和些。

⑬援疑质理：提出疑难，询问道理。援，提出。质，询问。

⑭叱（chì）咄（duō）：训斥，呵责。

⑮色愈恭：表情更加恭顺。色，表情。恭，恭敬。

⑯至：周到。

⑰俟（sì）：等待。

⑱负箧（qiè）曳屣（yè xǐ）：背着书箱，拖着鞋子（表示鞋破）。

⑲皲（jūn）裂：皮肤因寒冷干燥而开裂。

⑳媵（yìng）人：这里指服侍的人。

㉑汤：热水。

㉒沃灌：洗浴。沃，浇水洗（四肢）。灌，同"盥"。

㉓衾（qīn）：被子。

㉔被（pī）绮（qǐ）绣：穿着漂亮的丝绸衣服。被，同"披"，穿着。

㉕容臭（xiù）：香囊。臭，气味，这里指香气。

㉖烨（yè）然：光彩照人的样子。

㉗缊（yùn）袍敝（bì）衣：破旧的衣服。缊，旧絮。敝，破旧。

❈ 古文今译 ❈

我年幼时就非常爱好读书。家里贫穷，无法得到书来看，常常向藏书的人家求借，亲手抄录，计算着日期按时送还。冬天非常寒冷，砚台里的墨汁都结了冰，手指冻得不能弯曲和伸直，也不放松抄书。抄写完毕后，便马上跑去还书，不敢超过约定的期限。因此有很多人都愿意把书借给我，于是我能够遍观群书。成年以后，我更加仰慕古代圣贤的学说，又苦于不能与学识渊博的老师和名人交往，曾经赶到数百里以外，拿着经书向乡里有道德学问的前辈请教。前辈德高望重，门人弟子挤满了他的屋子，他的言辞和态度从未稍有委婉。我站着陪侍在他左右，提出疑难，询问道理，俯下身子，侧着耳朵恭敬地请教；有时遇到他大声斥责，我的表情更加恭顺，礼节更加周到，不敢说一个字反驳；等到他高兴了，则又去请教。所以我虽然愚笨，但最终获得不少教益。

当我外出求师的时候，背着书箱，拖着鞋子，行走在深山峡谷之中。隆冬时节，刮着猛烈的寒风，雪有好几尺深,脚上的皮肤受冻裂开都不知道。回到学舍,四肢僵硬动弹不得。服侍的人拿着热水为我洗浴,用被子裹着我,很久才暖和起来。寄居在旅馆,店主人每天供给两顿饭,没有新鲜肥嫩的美味享受。同学舍的人都穿着华丽的衣服,戴着用红色帽带和珠宝装饰的帽子,腰间挂着白玉环,左边佩戴宝刀,右边挂着香囊,光彩鲜明,像神仙一样;我却穿着破旧的衣服处于他们之间,但我毫无羡慕的心。因为心中有足以快乐的事情,所以不觉得吃穿的享受不如别人。我求学的辛勤和艰苦就是像这个样子。现在我虽已年老,没有什么成就,但所幸还得以置身于君子的行列中,承受着天子的恩宠荣耀,追随在公卿之后,每天陪侍着皇上,听候询问,天底下也不适当地称颂自己的姓名,更何况才能超过我的人呢?

作品解读

在这篇赠序里,作者叙述个人早年虚心求教和勤苦学习的经历,生动而具体地描述了自己借书求师之难、饥寒奔走之苦,并与太学生优越的条件加以对比,有力地说明学业能否有所成就,主要在于主观是否努力,不在于天资的高下和条件的优劣,以勉励青年人珍惜良好的读书环境,专心治学。文章结构严谨,详略有致,用对比说理,在叙事中穿插细节描绘,读来生动感人。

阅读故事

宋濂借书

宋濂很爱读书,但家里太穷买不起书,只能借书读。许多富贵人家虽然藏书很多,却不愿意借给他。有一次,宋濂又到一家富户借书,这家人不愿意借给他。他就说十天之内一定还回来,可十天根本就读不完那本书。到了第十天早晨,天下着大雪,那家人以为宋濂不会来还书了,可是宋濂却冒着雪把书送了回来。主人很感动,告诉宋濂以后可以随时来看书,不再给他限定借书时间了。

美 文 赏 读

赏读篇目一　光阴

赏读日期:＿＿＿＿＿＿＿＿＿＿＿＿＿＿＿＿＿＿

心得感悟:＿＿＿＿＿＿＿＿＿＿＿＿＿＿＿＿＿＿＿＿＿＿＿＿＿＿

＿＿＿＿＿＿＿＿＿＿＿＿＿＿＿＿＿＿＿＿＿＿＿＿＿＿＿＿

作者档案

赵丽宏(1952—),著名散文家,诗人。上海崇明人。1982年毕业于华东师范大学中文系,1983年加入中国作家协会,曾任中国作家协会第八届全国委员会委员,现任上海市作家协会副主席。文学创作一级。著有诗集《珊瑚》《沉默的冬青》《抒情诗151首》等,散文集《生命草》《诗魂》《爱在人间》《岛人笔记》《人生韵味》《赵丽宏散文》等,报告文学集《心画》《牛顿传》等共60余部。有多篇散文被收入国内中小学和大学语文课本,有多篇作品被收入我国香港中学中文语文课本。

原文赏读

光阴

赵丽宏

谁也无法描绘出他的面目,但世界上处处能听到他的脚步。

当旭日驱散夜的残幕时,当夕阳被朦胧的地平线吞噬时,他不慌不忙地走着,光明和黑暗都无法改变他行进的节奏。

当蓓蕾在春风中粲然绽开湿润的花瓣时,当婴儿在产房里以响亮的哭声向人世报到时,他悄无声息地走着,欢笑不能挽留他的脚步。

当枯黄的树叶在寒风中飘飘坠落时,当垂危的老人以留恋的目光扫视周围的天地时,他还是沉着而又默然地走,叹息也不能使他停步。

他从你的手指缝里流过去。

从你的脚底下滑过去。

从你的视野和你的思想里飞过去……

他是一把神奇而又无情的雕刻刀,在天地之间创造着种种奇迹。他能把巨石分裂成尘土,把幼苗雕成大树,把荒漠变成城市和园林,当然,他也能使繁华之都衰败成荒凉的废墟,使锃亮的金属爬满绿锈,失去光泽。老人额头的皱纹是他刻出来的,少女脸上的红晕也是他描绘出来的。生命的繁衍和世界的运动正是由他精心指挥着。

他按时撕下一张又一张日历,把将来变成现在,把现在变成过去,把过去变成越来越遥远的历史。

他慷慨,你不必乞求,属于你的,他总是如数奉献。

他公正,不管你权重如山、腰缠万贯,还是一个布衣、两袖清风,他都一视同仁。没有人能将他占为己有,哪怕你一掷千金,他也绝不会因此施舍一分一秒。

你珍重他,他便在你的身后长出绿荫,结出沉甸甸的果实。

你漠视他,他就化成轻烟,消散得无影无踪。

有时,短暂的一瞬会成为永恒,这是因为他把脚印深深地留在了人们的心里。

有时,漫长的岁月会成为一瞬,这是因为浓雾和风沙湮没了他的脚印。

——选自《时文精读》(第3辑),杨军主编,陕西师范大学出版社,2009,第54—55页。

作品解读

作者抓住光阴的特点,形象地写出了光阴不可阻挡,它总在人们不经意间悄悄流逝。光阴无处不在,并且十分公平,不因贫富贵贱而有所区别。时间怎样对待你,取决于你用什么样的态度对待时间。珍惜时间,勤奋刻苦,那么你将获得累累硕果;虚度光阴,你将什么都得不到。作者用优美而精练的语言,告诉我们一个多数人都明白却很少有人真正重视的道理——珍惜时间。

赏读篇目二　聪明在于学习,天才在于积累

赏读日期: _____

心得感悟: _____

_____

作者档案

华罗庚(1910—1985),江苏省常州人,中国数学家。初中毕业后刻苦自学,取得优异成绩。曾任清华大学教授,长期担任中国科学院数学研究所所长、中国数学会理事长。在解析数论、典型群、矩阵几何学、自守函数论与多复变函数论等方面有深刻的研究和开创性的贡献。

从20世纪60年代初期开始,华罗庚把数学方法创造性地应用于国民经济领域,推广应用优选法和统筹法。主要著作有《堆垒素数论》《数论导引》《高等数学引论》《典型群》《典型域上的调和分析》《优选法平话及其补充》《统筹方法平话及补充》等。

原文赏读

聪明在于学习,天才在于积累

华罗庚

有些同志之所以缺乏坚持性和顽强性,是因为他们在工作中碰了钉子,走了弯路,于是就怀疑自己是否有研究科学的才能。其实,我可以告诉大家,许多有名的科学家和作家,都是经过很多次失败,走过很多弯路才成功的。大家平常看见一个作家写出一本好小说,或者看见一个科学家发表几篇有分量的论文,便都仰慕不已,很想自己能够信手拈来,便成妙谛;一觉醒来,誉满天下。其实,成功的论文和作品只不过是作家们整个创作和研究中的极小部分,甚至这些作品在数量上还不及失败的作品的十分之一。

大家看到的只是他成功的作品,而失败的作品是不会公开发表出来的。要知道,一个科学家在他攻克科学堡垒的长征中,失败的次数和经验,远比成功的经验要丰富、深刻得多。失败虽然不是什么令人快乐的事情,但也决不应该因此气馁。在进行研究工作时,某个同志的研究方向不正确,

走了些岔路,白费了许多精力,这也是常有的事。但不要紧,你可以再调换一个正确的方向来进行研究;更重要的是要善于吸取失败的教训,总结已有的经验,再继续前进。

根据我自己的体会,所谓天才就是靠坚持不断的努力。有些同志也许觉得我在数学方面有什么天才,其实从我身上是找不到这种天才的痕迹的。我读小学时,因为成绩不好就没有拿到毕业证书,只拿到一张修业证书。初中一年级时,我的数学也是经过补考才及格的。但是说来奇怪,从初中二年级以后,就发生了一个根本转变,这就是因为我认识到既然我的资质差些,就应该多用点时间来学习。别人只学一个小时,我就学两个小时,这样我的数学成绩就不断得到提高。一直到现在我也贯彻这个原则:别人看一篇东西要三小时,我就花三个半小时,经过长时期的劳动积累,就多少可以看出成绩来。并且在基本技巧烂熟之后,往往能够一个钟头就看完一篇人家看十天半月也解不透的文章。所以,前一段时间的加倍努力,在后一段时间内却收到预想不到的效果。是的,聪明在于学习,天才在于积累。

——选自《101篇影响世界的经典演讲》,杨梅、李晶晶主编,学林出版社,2005,第266—267页。

作品解读

在这篇演讲中,作者结合自己的所见所闻,告诉那些在学习、工作方面存在错误思想的青年人,搞研究并没有捷径,许多有名的科学家和作家,都是付出巨大的努力和辛勤的汗水,经历了无数次的失败后才成功的。失败不是一件令人快乐的事情,但是决不能因失败而气馁,要从失败中吸取教训,继续前进,天才就是靠坚持不懈地努力才成为天才的。在讲述天才的时候,作者自曝自己年幼时"不聪明",而他之所以能取得今天的成就,靠的是"勤能补拙"。

整篇演讲紧扣主题,揭示了"聪明在于学习,天才在于积累"的道理,激励了无数在学习和工作的路上遭遇挫折的人们。

阅读随感

天资聪颖的人是少数,不少人是"笨小孩",但是成功者多是才智平庸的人。智力不如人没关系,重要的在于是否具有坚持不懈的毅力与坚强的意志。用勤奋去弥补笨拙,那么终将略胜一筹。

赏读篇目三　谈读书

赏读日期:_____

心得感悟:_____

_____

作者档案

弗兰西斯·培根(1561—1626),英国文艺复兴时期的代表人物之一。英国唯物主义哲学家,实验科学的创始人,是近代归纳法的创始人,又是给科学研究程序进行逻辑组织化的先驱。主要著作有《新工具》《论科学的增进》《学术的伟大复兴》等。

原文赏读

谈读书

〔英〕弗兰西斯·培根

　　读书足以怡情,足以博彩,足以长才。其怡情也,最见于独处幽居之时;其博彩也,最见于高谈阔论之中;其长才也,最见于处世判事之际。练达之士虽能分别处理细事或一一判别枝节,然纵观统筹、全局策划,则舍好学深思者莫属。读书费时过多易惰,文采藻饰太盛则矫,全凭条文断事乃学究故态。读书补天然之不足,经验又补读书之不足,盖天生才干犹如自然花草,读书然后知如何修剪移接;而书中所示,如不以经验范之,则又大而无当。有一技之长者鄙读书,无知者羡读书,唯明智之士用读书,然书并不以用处告人,用书之智不在书中,而在书外,全凭观察得之。读书时不可存心诘难作者,不可尽信书上所言,亦不可只为寻章摘句,而应推敲细思。书有可浅尝者,有可吞食者,少数则须咀嚼消化。换言之,有只须读其部分者,有只须大体涉猎者,少数则须全读,读时须全神贯注,孜孜不倦。书亦可请人代读,取其所作摘要,但只限题材较次或价值不高者,否则书经提炼犹如水经蒸馏、淡而无味矣。

　　读书使人充实,讨论使人机智,笔记使人准确。因此不常作笔记者须记忆力特强,不常讨论者须天生聪颖,不常读书者须欺世有术,始能无知而显有知。读史使人明智,读诗使人灵秀,数学使人周密,科学使人深刻,伦理学使人庄重,逻辑修辞之学使人善辩,凡有所学,皆成性格。人之才智若有滞碍,无不可读适当之书使人顺畅,一如身体百病,皆可借相宜之运动除之,滚球利睾肾,射箭利胸肺,慢步利肠胃,骑术利头脑,诸如此类。如智力不集中,可令读数学,盖演题须全神贯注,稍有分散则须重演;如不能辨异,可令读经院哲学,盖是辈皆吹毛求疵之人;如不善求同,不善以一物阐证另一物,可令读律师之案卷。如此头脑中凡有缺陷,皆有特药可医。

　　　　——选自《培根随笔》,弗兰西斯·培根著,杜勤功编译,陕西人民教育出版社,2016,第4—5页。

作品解读

　　《谈读书》从三个层面展开论述:首先,谈读书的益处;其次,谈读书的方法;最后,作者对读书的益处加以强调和提升,使文章立论更加完整。全文说理性强,言简意赅,风格平易流畅,运用多种修辞手法,使文章具备可读性。

　　正如英国文学史家鲁宾斯坦评价道:"培根是写作随笔的高手。他的文章不受个人感情支配,具有公正超脱的格调。他与读者的思想建立直接联系,超过了他以前的十五代人。他的思想从来都不是抽象的,而且永远是具体鲜活的东西。他的随笔,篇篇言简意赅,富于变化,每次捧读,都使人不由自主地被吸引。"

　　《谈读书》中充满灵感的常理,迄今仍然是经得起时间考验的现代人实用智慧的丰碑之一。

名句荟萃

1.业精于勤,荒于嬉;行成于思,毁于随。 ——韩愈

2.粗缯大布裹生涯,腹有诗书气自华。 ——苏轼

3.努力尽今夕,少年犹可夸。 ——苏轼

4.读书不觉已春深,一寸光阴一寸金。 ——王贞白

5.知之者不如好之者,好之者不如乐之者。 ——《论语·雍也篇》

6.学而不思则罔,思而不学则殆。 ——《论语·为政篇》

7.眼前直下三千字,胸次全无一点尘。 ——于谦

8.富贵必从勤苦得,男儿须读五车书。 ——杜甫

9.立身以立学为先,立学以读书为本。 ——欧阳修

10.读书破万卷,下笔如有神。 ——杜甫

11.青春须早为,岂能长少年。 ——孟郊

12.书犹药也,善读之可以医愚。 ——刘向

13.少年辛苦终身事,莫向光阴惰寸功 ——杜荀鹤

14.学非探其花,要自拔其根。 ——杜牧

15.吾生也有涯,而知也无涯。 ——《庄子·内篇·养生主》

16.少而学者如日出之阳,壮而学者如日中之光,老而学者如秉烛之明。 ——《太平御览·火部·卷三》

17.安居不用架高堂,书中自有黄金屋。 ——赵恒

18.不学自知,不问自晓,古今行事,未之有也。 ——《论衡·卷二十六·实知篇》

19.发愤忘食,乐以忘忧。 ——《论语·述而篇》

20.知识就是力量。 ——培根

单元寄语

时间是生命。勤奋者抓紧时间,求知者利用时间,有志者珍惜时间,聪明者争取时间。业精于勤,行成于思。盛年不重来,一日难再晨。中职生要志存高远,珍惜时间,勤奋学习,在有限的时间里勤学苦练,用科学的知识武装自己的头脑,树立勤业、精业的职业品质,做爱岗位、尽职守、善合作、乐奉献的中国人。

主题单元四

崇德修身——人皆可以为尧舜

单元导语

国无德不兴，人无德不立。习近平曾说："道德之于个人，之于社会，都具有基础性意义，做人做事第一位的是崇德修身。"德是首要，是方向。一个人只有明大德、守公德、严私德，其才方能用得其所。

青少年要形成正确的道德认知，牢记"从善如登、从恶如崩"的道理，继承发扬中华民族传统美德，始终保持积极的人生态度、良好的道德品质、健康的生活情趣，努力做到慎始、慎独、慎微，形成自觉的道德修养，把追求真、善、美作为人生目标，以自己全部的情感、意志、信念去践行理想，创造人生价值。

经 典 诵 读

诵读篇目一　论语（节选）

诵读日期：＿＿＿＿＿＿＿＿＿＿＿＿＿＿＿＿＿＿＿＿

心得感悟：＿＿＿＿＿＿＿＿＿＿＿＿＿＿＿＿＿＿＿＿

＿＿＿＿＿＿＿＿＿＿＿＿＿＿＿＿＿＿＿＿＿＿＿＿＿＿＿

作品档案

　　《论语》是儒家学派的经典著作之一，由孔子的弟子及其再传弟子编撰而成。以语录体和对话文体为主，记录了孔子及其弟子言行，集中体现了孔子的政治主张、伦理思想、道德观念及教育原则等。与《大学》《中庸》《孟子》《诗经》《尚书》《礼记》《易经》《春秋》并称"四书五经"。

原作诵读

论语·为政（节选）

子曰："为政以德，譬如北辰，居其所而众星共之。"

子曰："道之以政，齐之以刑，民免而无耻；道之以德，齐之以礼，有耻且格。"

论语·里仁（节选）

子曰："里仁①为美，择不处仁，焉得知？"

子曰："君子怀德，小人怀土；君子怀刑，小人怀惠。"

子曰："见贤思齐焉，见不贤而内自省也。"

论语·述而（节选）

子曰："德之不修，学之不讲，闻义不能徙，不善不能改，是吾忧也。"

子曰："饭疏食饮水，曲肱②而枕之，乐亦在其中矣。不义而富且贵，于我如浮云。"

论语·秦伯（节选）

曾子曰："士③不可以不弘毅④，任重而道远。仁以为己任，不亦重乎？死而后已，不亦远乎？"

子曰:"兴于诗,立于礼,成于乐。"

论语·子路(节选)

子曰:"其身正,不令而行;其身不正,虽令不从。"

——选自《论语集释》(全二册),程树德撰,程俊英、蒋见元点校,中华书局,2013,第 71、79、262、289、312、508、537、608、610—611、1037 页。

难点注释

①里仁:居住在仁者所居之里,与仁人为邻。

②肱(gōng):胳膊上从肩到肘的部分,这里指胳膊。

③士:有抱负的人。

④弘毅:志向远大,意志坚强。毅,刚强、勇毅。

古文今译

论语·为政(节选)

孔子说:"(周君)以道德教化来治理政事,就会像北极星那样,自己居于一定的方位,而群星都会环绕在它的周围。"

孔子说:"用法制禁令去引导百姓,使用刑法来约束他们,老百姓只是求得免于犯罪受惩,却失去了廉耻之心;用道德教化引导百姓,使用礼制去统一百姓的言行,百姓不仅会有羞耻之心,而且也就守规矩了。"

论语·里仁(节选)

孔子说:"跟有仁德的人住在一起,才是好的。如果你选择的住处不是跟有仁德的人在一起,怎么能说你是明智的呢?"

孔子说:"君子思念的是道德,小人思念的是乡土;君子想的是法制,小人想的是恩惠。"

孔子说:"见到贤人,就应该向他学习、看齐;见到不贤的人,就应该自我反省(自己有没有与他相类似的错误)。"

论语·述而(节选)

孔子说:"(许多人)对品德不去修养,学问不去讲求,听到有义的事而不去做,做了不善的事而不能改正,这些都是我所忧虑的事情。"

孔子说:"吃粗粮,喝白水,弯着胳膊当枕头,乐趣也就在这中间了。用不正当的手段得来的富贵,对于我来讲就像是天上的浮云一样。"

论语·秦伯(节选)

曾子说:"君子不可以无远大志向,因为他责任重大,道路遥远。将仁义视为自己的责任,难道还不重大吗?奋斗终身,死而后已,难道路程还不遥远吗?"

孔子说:"(人的修养)开始于学《诗经》,把礼作为立身的根基,掌握音乐使所学得以完成。"

论语·子路(节选)

孔子说:"自身正了,即使不发布命令,老百姓也会去干;自身不正,即使发布命令,老百姓也不会服从。"

作品解读

《论语》体现了孔子及其弟子们对于人生、道德、学问等方面的独到见解。选文论述了君子的品德修养、仁与礼的关系、君子与小人之别、士人的责任与担当、学习的重要性等问题,不仅体现了孔子及其弟子们对于人生和道德的深刻洞察,也提供了修身养性的思想精髓和行为准则。

诵读篇目二　道德经(节选)

诵读日期: _____

心得感悟: _____

　　　　　_____

作品档案

《道德经》又称《五千言》《老子五千文》,是中国古代先秦诸子分家前的一部著作,为当时诸子所共仰,传说是春秋时期的李耳(似是作者、注释者、传抄者的集合体)所撰写,是道家哲学思想的重要来源。道德经分上下两篇,原文上篇《德经》、下篇《道经》,不分章,后改为《道经》37 章在前,从 38 章开始为《德经》,一共81 章。《道德经》是中国历史上首部完整的哲学著作。

原作诵读

道德经(节选)

　　善建者不拔①,善抱者不脱,子孙以祭祀不辍②。修之于身,其德乃真;修之于家,其德乃馀;修之于乡,其德乃长③;修之于邦,其德乃丰;修之于天下,其德乃普。故以身观身,以家观家,以乡观乡,以国观国,以天下观天下。吾何以知天下然哉? 以此。

　　　　　　——选自《老子道德经注》,王弼注,楼宇烈校释,中华书局,2010,第 147 页。

难点注释

①拔:动摇。

②辍(chuò):停止、断绝、终止。

③长:尊崇。

古文今译

善于为自身制定合乎的道德规范的人,是坚决不会动摇的;善于秉持自己所认识到的道德准则而行事的人,是不会气馁而丧失自信的。如果子孙能够遵循、守持这个道理,那么祖祖孙孙就不会断绝。把这个道理付诸自身,他的德就会是真实纯正的;把这个道理付诸自家,他的德就会是丰盈有余的;把这个道理付诸自乡,他的德就会受到尊崇;把这个道理付诸一国,他的德就会丰盛硕大;把这个道理付诸天下,他的德就会无限普及。所以以自身的修身之道来观察他人,以自家观察他家,以自乡观察他乡,以自己的国家观察其他的国家,以自己的天下观察别人的天下。我怎么会知道天下的情况之所以如此呢? 就是因为我用了以上的方法和道理。

作品解读

本段选自《道德经》第五十四章,这里老子讲了一个修身的过程,从身、家、乡、国(邦),最后到天下。这个过程中,德行在不断增长,也能让更多人受益。而德行增长的基础就是修身。

阅读故事

老子的神话传说

老子看透历史的兴衰治乱,骑青牛出函谷关,守关人是天象学家。他夜观天象,发现一股紫气自东而来,就知道一定有圣人要来。于是在门口等候,果然有一天,一个仙风道骨的老者骑着一头青牛来了,这个人就是老子。他毕恭毕敬地把老子迎到陕西周至,专门修建了个楼观台,请老子在这里讲经。老子讲了五千言,就是《道德经》这部书。讲完以后,老子在一天夜里化作一股青气飘然升天了。

诵读篇目三　孟子·尽心上(节选)

诵读日期:_____

心得感悟:_____

_____

作者档案

孟子(公元前372—前289),名轲,字子舆(待考,一说字子车或子居)。中国古代著名思想家、教育家,战国时期儒家代表人物。著有《孟子》一书。孟子继承并发扬了孔子的思想,成为仅次于孔子的一代儒家宗师,有"亚圣"之称,与孔子合称为"孔孟"。孟子的文章说理畅达,气势充沛并长于论辩,逻辑严密,尖锐机智,代表着先秦散文写作最高峰。孟子在人性问题上提出性善论,即"人之初,性本善"。

原作诵读

孟子·尽心上（节选）

孟子曰："君子有三乐,而王天下不与存焉。父母俱存,兄弟无故①,一乐也;仰不愧于天,俯不怍②于人,二乐也;得天下英才而教育之,三乐也。"

——选自《孟子正义》,焦循撰,沈文倬点校,中华书局,2017,第749页。

难点注释

①故:事故,指灾患病丧。

②怍(zuò):惭愧。

古文今译

孟子说："君子有三大快乐,称王天下不在其中。父母健在,兄弟平安、没有灾病,这是第一大快乐;上不愧对于天,下不愧对于人,这是第二大快乐;得到天下优秀的人才而教育他们,这是第三大快乐。"

作品解读

孟子认为君子有三乐:分别为家庭和睦、心里坦然、教书育人。其中,一个人只有在道德上没有亏欠,才更值得尊敬。一个人良心没有愧疚,才能坦坦荡荡、光明磊落。因此要始终保持善念,注重个人品德修养,善养"浩然之气"。

诵读篇目四　礼记·大学(节选)

诵读日期:_____

心得感悟:_____
　　　　　　_____

作品档案

《礼记》,是中国古代一部重要的典章制度书籍,儒家经典著作之一。成书于汉代,相传为西汉礼学家戴圣所编,共20卷49篇。《礼记》章法谨严,映带生姿,文辞婉转,前后呼应,语言整饬而多变,是"三礼"之一、"五经"之一、"十三经"之一。自东汉郑玄作"注"后,《礼记》地位日升,至唐代时尊为"经",宋代以后,位居"三礼"之首。

《原作诵读》

礼记·大学（节选）

大学之道①在明明德②，在亲民③，在止于至善。知止④而后有定，定而后能静，静而后能安，安而后能虑，虑而后能得⑤。物有本末，事有终始，知所先后，则近道矣。

古之欲明明德于天下者先治其国，欲治其国者先齐其家⑥，欲齐其家者先修其身⑦，欲修其身者先正其心，欲正其心者先诚其意，欲诚其意者先致其知⑧，致知在格物⑨。物格而后知至，知至而后意诚，意诚而后心正，心正而后身修，身修而后家齐，家齐而后国治，国治而后天下平。

自天子以至于庶人⑩，壹是⑪皆以修身为本。其本乱而末⑫治者，否矣。其所厚者薄⑬，而其所薄者厚⑭，未之有也。

——选自《礼记译解》，王文锦译解，中华书局，2016，第805—806页。

难点注释

①大学之道：大学的宗旨。"大学"一词在古代有两种含义，一是"博学"的意思，二是相对于小学而言的"大人之学"。第二种含义同样也有"博学"的意思。"道"的本义是道路，引申为规律、原则等。

②明明德：前一个"明"作动词，有使动的意味，即"使彰明"，也就是发扬、弘扬的意思。后一个"明"作形容词，明德也就是光明正大的品德。

③亲民："亲民"二字与上面"明明德"结合，即弘扬光明的品德要学习和应用于日常生活当中，大人的学问即从生活中而来。

④知止：知道目标所在。

⑤得：处事合宜。

⑥齐其家：管理好自己的家庭或家族，使之兴旺发达。

⑦修其身：修养自身的品性。

⑧致其知：研究事物原理而获得知识。

⑨格物：认识、研究事物。

⑩庶人：指平民百姓。

⑪壹是：都是。

⑫末：相对于"本"而言，指枝末、枝节。

⑬厚者薄：该重视的不重视。

⑭薄者厚：不该重视的却加以重视。

古文今译

大学的宗旨在于弘扬光明正大的品德，学习和应用于生活，使人达到最完善的境界。知道目标所在才能够志向坚定；志向坚定才能够镇静不躁；镇静不躁才能使内心安定；心安理得才能够思虑周详；思虑周详才能够处事合宜。每一样东西都有根本有始末，每件事情都有开始有终结。明白了这本末始终的道理，就接近事物发展的规律了。

古代那些要想在天下弘扬光明正大品德的人，先要治理好自己的国家；要想治理好自己的国家，先要管理好自己的家庭或家族;要想管理好自己的家庭或家族,先要修养自身的品性;要想修养自身的品性,先要端正自己的心思;要想端正自己的心思,先要使自己的意念真诚;要想使自己的意念真诚,先要使自己获得知识;获得知识的途径在于认识、研究万事万物。通过对万事万物的认识、研究后才能获得知识;获得知识后意念才能真诚;意念真诚后心思才能端正;心思端正后才能修养品性;品性修养后才能管理好家庭和家族;管理好家庭和家族后才能治理好国家;治理好国家后天下才能太平。上至天子下至平民百姓,都应该以修养自身的品德为根本。

若这个根本被扰乱了,家庭、家族、国家、天下要治理好是不可能的。该重视的不重视、不该重视的却加以重视,却又想做好事情,这同样也是不可能的。

作品解读

《礼记·大学》所展示的,是儒学三纲八目的追求。三纲指明德、亲民、止于至善。八目指实现三纲的具体方法,包括格物、致知、诚意、正心、修身、齐家、治国、平天下。格物、致知、诚意、正心、修身是"内修";齐家、治国、平天下是"外治",它铸造了一代又一代中国知识分子的人格心理,时至今日,仍然发挥着潜移默化的作用。

诵读篇目五　诫子书

诵读日期:＿＿＿＿＿＿＿＿＿＿＿＿＿＿＿＿＿＿＿＿＿＿

心得感悟:＿＿

作者档案

诸葛亮(181—234),字孔明,号卧龙,琅琊阳都(今山东沂南)人,三国时期蜀汉丞相,中国古代杰出的政治家、军事家、文学家、书法家、发明家。在世时被封为"武乡侯",死后追谥"忠武侯",东晋桓温特追封其为"武兴王"。诸葛亮为匡扶蜀汉政权,呕心沥血,鞠躬尽瘁,死而后已。其代表作有《出师表》《诫子书》等。曾发明木牛流马、孔明灯等,并改造连弩,叫作诸葛连弩,可一弩十矢俱发。诸葛亮于234年在五丈原(今宝鸡岐山)逝世。诸葛亮在后世受到极大尊崇,成为后世忠臣之楷模,智慧之化身,是中国传统文化中"忠臣"与"智者"的代表人物。

《原作诵读》

诫子书

〔三国〕诸葛亮

夫①君子之行,静以修身,俭以养德。非淡泊无以明志,非宁静无以致远。夫学须静也,才须学也,非学无以广才②,非志无以成③学。惰慢④则不能励精,险躁⑤则不能冶性⑥。年与时驰,意与日去,遂⑦成枯落。多不接世⑧,悲守穷庐,将复何及⑨!

——选自《国学冶要(第3册)》,张文治编,陈恕重校,南海出版公司,2015,第476页。

难点注释

①夫(fú):助词,用于句首,表示发端。

②广才:增长才干。广,增长。

③成:达成,成就。

④惰(tāo)慢:怠慢,怠惰。

⑤险躁:轻薄浮躁。险,轻薄。

⑥冶性:陶冶性情。

⑦遂:最终。

⑧多不接世:大多对社会没有任何贡献。

⑨将复何及:又怎么来得及。

古文今译

品德高尚的人,依靠内心宁静专一来修养身心,以俭朴节约来培养品德。不恬淡寡欲就无法使(自己的)志向明确,不清静寡欲就无法达到远大的目标。学习必须静心专一,而才干则来自勤奋学习。如果不学习就无法增长自己的才干,不明确志向就不能在学习上获得成就。放纵懈怠就不能勉励心志振奋精神,轻薄浮躁就不能修养性情。年华随同时光飞快逝去,意志随同岁月而丧失。最终(像黄叶一样)枯老衰落,大多不接触世事,对社会没有任何贡献,只能悲哀困守在自己破败的房子里,那时再悔恨又怎么来得及!

作品解读

《诫子书》是诸葛亮临终前写给儿子诸葛瞻的一封家书。书信中充满无限期望,将为人父者的爱子之情表达得非常深切。

《诫子书》的主旨是劝勉儿子勤学立志,并告诫儿子修身养性要从淡泊宁静中下功夫,最忌懈怠浮躁。文章概括了做人治学的经验,着重围绕一个"静"字加以论述,同时把失败归结为"躁"字,对比鲜明。

这篇文章不但讲明修身养性的途径和方法,也指明了立志与学习的关系;不但讲明了宁静淡泊的重要,也指明了放纵怠慢、偏激急躁的危害。

阅读故事

诸葛亮挥泪斩马谡

蜀后主建兴六年(228年),诸葛亮为实现统一大业,发动了一场北伐曹魏的战争。

他任命参军马谡为前锋,镇守战略要地街亭(今甘肃秦安县东北)。临行前,诸葛亮再三嘱咐马谡:"街亭虽小,关系重大。它是通往汉中的咽喉。如果失掉街亭,我军必败。"并具体指示让他"靠山近水安营扎寨,谨慎小心,不得有误"。马谡到达街亭后,不按诸葛亮的指令依山傍水部署兵力,却骄傲轻敌,自作主张地想将大军部署在远离水源的街亭山上。副将王平提出:"街亭一无水源,二无粮道,若魏军围困街亭,切断水源,断绝粮道,蜀军则不战自溃。"马谡不但不听劝阻,反而自信地说:"我通晓兵法,世人皆知,连丞相有时也得请教于我,而你王平生长于戎旅,手不能书,知何兵法?"接着又洋洋自得地说:"居高临下,势如破竹,置死地而后生,这是兵家常识,我将大军布于山上,使之绝无反顾,这正是致胜之秘诀。"王平再次义正词严劝阻,马谡固执己见,坚持将大军布于山上。魏明帝曹睿得知心中大喜,立即挥兵切断水源,掐断粮道,将马谡的部队围困于山上,然后纵火烧山。蜀军饥渴难忍、军心涣散、不战自乱。魏军乘势进攻,蜀军大败。

马谡失守街亭,战局骤变,迫使诸葛亮退回汉中。诸葛亮为了严肃军纪,下令将马谡革职入狱,斩首示众。临刑前,马谡上书诸葛亮:"丞相待我亲如子,我待丞相敬如父。这次我违背节度,招致兵败,军令难容,丞相将我斩首,以诫后人,我罪有应得,死而无怨,只是恳望丞相以后能照顾好我一家妻儿老小。"诸葛亮百感交集,老泪纵横,挥泪斩掉自己十分器重赏识的将领,心如刀绞。但若违背军法,免他一死,又将失去众人之心,无法实现统一天下的宏愿。于是,强忍悲痛,让马谡放心去,自己将收其儿为义子并照顾其家庭的妻儿老小。

诸葛亮斩马谡后,自省自己用人不当请求自贬三等,由一品丞相贬为三品右将军,仍尽心竭力辅佐后主刘禅,欲图中原,成就大业。

美 文 赏 读

赏读篇目一　古松

赏读日期:＿＿＿＿＿＿＿＿＿＿＿＿＿＿＿＿＿＿＿＿

心得感悟:＿＿＿＿＿＿＿＿＿＿＿＿＿＿＿＿＿＿＿＿＿＿＿＿＿＿＿＿
＿＿＿＿＿＿＿＿＿＿＿＿＿＿＿＿＿＿＿＿＿＿＿＿＿＿＿＿＿＿＿＿＿＿

【原文赏读】

古松

艾青

你和这山岩一同呼吸一同生存

你比生你的土地显得更老

比山崖下的河流显得更老

你的身体又弯曲,又倾斜

好象载负过无数的痛苦

你的裂皱是那么深,那么宽

而又那么繁复交错

甚至蜜蜂的家属在里面居住

蚂蚁的队伍在里面建筑营房

而在你的丫杈间的洞穴里

有着胸脯饱满的鸽子的宿舍——

它们白天就成群地飞到河流对岸的平地上去

也有着尾巴象狗尾草似的松鼠的家

它们从你伸长着的枝丫

跳到另一棵比你年轻的松树上

比小鸟还要显得敏捷

你的头那样高高地仰着

风过去时,你发出低微的呻吟

一个捡柴的小孩站在下面向你看,

你显得多么高!

你的叶子同云翳掺和在一起

白云在你上面像是你的披发

一伙蚂蚁从你的脚跟到你的头上

是一次庄严的长途旅行

你的身体是铁质和砂石熔铸成的

用无比的坚强领受着风、雨、雷、电的打击

而每次阴云吹散后的阳光带给你微笑

你屹立在悬崖的上面像老人

你庇护这山岩,用关心注视我们的乡村;

你是美丽的——虽然你太苍老了。

——选自《艾青诗选》,艾青著,阳光出版社,2015,第149—150页。

作品解读

古松身上的裂皱是那么深、那么宽,蜜蜂、蚂蚁、鸽子、松鼠都依靠古松而栖息……古松的负载是多么沉重。但它没有倒下,而是以坚强"庇护这山岩",用关心"注视我们的乡村",进一步写出古松的崇高精神。

作者笔下的古松,实际上是中华民族的一个缩影。这个民族的历史悠久,负载沉重,然而,这个民族是坚强的,并有着崇高的精神,因而,这个民族是美丽的,虽然太苍老了。此诗刻画细腻,寓意深刻,需细细品味。

赏读篇目二　锤炼品德修为　涵养高尚情操

赏读日期：＿＿＿＿＿＿＿＿＿＿＿＿＿＿＿＿＿＿

心得感悟：＿＿＿＿＿＿＿＿＿＿＿＿＿＿＿＿＿＿

＿＿＿＿＿＿＿＿＿＿＿＿＿＿＿＿＿＿＿＿＿＿＿＿

《原文赏读》

锤炼品德修为　涵养高尚情操

孟祥夫

习近平总书记指出："要锤炼品德，自觉树立和践行社会主义核心价值观，自觉用中华优秀传统文化、革命文化、社会主义先进文化培根铸魂、启智润心，加强道德修养，明辨是非曲直，增强自我定力，矢志追求更有高度、更有境界、更有品位的人生。"

锤炼品德，就要明辨是非曲直。青年要有理性、正确的认识，不能人云亦云、盲目跟风；面对外部诱惑，要保持定力、严守规矩，用勤劳的双手和诚实的劳动创造美好生活，拒绝投机取巧、远离自作聪明。古人云："静以修身，俭以养德。"广大青年要学会涵养静气、独立思考，时刻耳聪目明，做到行稳致远。

锤炼品德，就要常怀感恩之心。青年要有饮水思源、懂得回报的感恩之心，常思"今天幸福的生活从哪里来"。让人欣慰的是，不少青年以实际行动回馈社会、服务人民。"我自己也想像他们一样，照亮哪怕其他一个人也好。""我们所得到的一切，应该有相应的德行去支撑。"……最近，一名清华大学学生的文章令人感动。这位来自贫困家庭的学生"穷且益坚，不坠青云之志"，靠着勤俭节约和爱心人士的资助读完本科。从研一开始，他每学期拿出 3200 元，资助 4 名希望小学的孩子，并常去看望他们，为他们讲述外面的世界。"因为淋过雨，所以想为别人撑伞！""看哭了，多么纯粹的人！"不少网友深受感动，表示要做修身有为、有德行的人。

眼下，在遥远的边防哨所，在援疆援藏的队伍中，在乡村振兴一线，都活跃着不少青年的身影，他们辛勤付出、默默奉献，守护、温暖着他人，让爱在全社会传递、流淌。

锤炼品德，就要永葆奋斗精神。大道至简，实干为要；创业维艰，奋斗以成。幸福都是奋斗出来的，广大青年要在奋斗中摸爬滚打，通过不懈奋斗实现人生理想和价值。"樵夫"廖俊波以"背着石头上山也要干"的精神埋头苦干、只争朝夕，为百姓打拼到生命最后一刻；征战第三十二届夏季奥运会的中国运动健儿奋力拼搏、用尽全力，鲜艳的五星红旗在赛场上一次次升起……"青年最要紧的精神，是要与命运奋斗"。高扬奋斗风帆，焕发昂扬斗志。中华民族伟大复兴的中国梦，必将在一代代青年的接力奋斗中实现。

走好漫漫人生路,广大青年要不断锤炼品德修为,涵养高尚情操,树立远大理想,书写人生华章。

——选自《人民日报》,2022年1月16日第5版。

作品解读

这篇文章围绕着习近平总书记的话展开,不仅阐述了锤炼品德的重要性,而且分条列出了锤炼品格的措施,有理有据、论证清晰,劝诫广大青年要注重锤炼自己的品德修为,涵养高尚的情操,以更好地实现自己的人生价值和追求。

赏读篇目三 心存四知以慎独

赏读日期:＿＿＿＿＿＿＿＿＿＿＿＿＿＿＿＿＿＿＿

心得感悟:＿＿＿＿＿＿＿＿＿＿＿＿＿＿＿＿＿＿＿
＿＿＿＿＿＿＿＿＿＿＿＿＿＿＿＿＿＿＿＿＿＿＿＿＿

原文赏读

心存四知以慎独

《后汉书·杨震传》中记载,杨震到山东赴任,途经巨野昌邑时,以前曾得到过杨震推荐的县令王密深夜怀金相赠,认为"暮夜无知者",杨震说:"天知,地知,我知,你知。何谓无知!"由此,杨震"四知却金",成为了慎独的典范。

"慎独"一词,最早出自《礼记·中庸》:"君子戒慎乎其所不睹,恐惧乎其所不闻。莫见乎隐,莫显乎微,故君子慎其独也。"意思是最隐蔽的事物、最微小的事物往往更能体现一个人的品质素养,因此有道德的人"戒慎""恐惧"独处时,担心自己会做不道德的事。在杨震那里,独处时便是道德在场时。没有他人约束,少了外界压力,道德修养可以说是"存乎一心"。慎独,就是内在道德力量的自觉发动和呈现。如哲学家康德所说:"人世间有两样东西让我敬畏,位我上者,灿烂星空;道德律令,在我心中。"所以天知地知你知我知,暗室无欺;顶天立地爱人律己,光明正大。

自我修养重在慎独。"自修之道,莫难于养心;养心之难,又在慎独。"慎独,作为一种根植于内心的修养、一种无需提醒的自觉,是我国古代先贤倡导的一种自我修养方法。几千年来,先贤们都把"吾日三省吾身""不自欺""暗室不欺"等看作"慎独"的一种表达。清代官员叶存仁离任之际,僚属们临别馈赠礼品,为避人耳目特地夜里送来。叶存仁见状,赋诗一首,拒礼而去:"月白风清夜半时,扁舟相送故迟迟。感君情重还君赠,不畏人知畏己知。"因为对有道德的人来说,已经把"天知地知你知我知""不畏人知畏己知"化为了自己的坚定信念。

抵制诱惑难在慎独。"见欲而止为德",慎独者必须慎欲,不被钱、色、名等私欲俘获。宋元时期大学者许衡,曾跟随众人避乱。由于路途遥远,天又很热,大家都十分口渴。正巧道路旁有一棵梨树结了很多梨子,众人都争先恐后地去摘下来吃,只有许衡一人端坐树下,始终不为所动。有人问他,如今兵荒马乱的,这棵梨树已经没有主人了,你为什么不去摘梨吃呢?许衡回答说:"梨虽无主,我心有主。"一个人最大的敌人,往往不是别人,而是自己。慎独,就是要与己赤诚相见,与私心斗争、与贪欲较量。一些官员难抵诱惑、腐化堕落,重要原因之一便是缺乏慎独之功。面对诱惑,特别是在私底下、无人时、细微处,或以"下不为例"原谅自己,或以"小节无碍"宽待自己,或以"仅此一次"放纵自己,最终堕落在欲望的黑洞中、人心的幽暗处。

独处之时,道德在场,天地可鉴,明镜高悬。杨震四知却金等古人慎独的故事,捅破的是"无人知道"这层窗户纸。其实无论是"明处"还是"暗处",无论是"有人知"还是所谓的"无人知",慎独都不是利益的算计、外在的压力,而是道德的信仰、内心的律令,是自我修养的最高境界。

慎独是一种定力、一种作风、一种品格。这种自律自省自持源自对道德修养的矢志坚守,对规则秩序的无比敬畏,对理想人格的不懈追求。党员干部要把慎独之功练好,不断加强自律,做到台上台下一个样、人前人后一个样,尤其是在私底下、无人时、细微处,更要如履薄冰、如临深渊,始终不放纵、不越轨、不逾矩。

——选自《中国纪检监察报》,2023 年 7 月 31 日。

作品解读

慎独,作为一种根植于内心的修养、一种无需提醒的自觉。"吾日三省吾身""暗室不欺"就是"慎独"的一种表达。对有道德的人来说,已经把"天知地知你知我知"和"不畏人知畏己知"化为了自己的坚定信念。慎独,就是要与己赤诚相见,与私心斗争、与贪欲较量。

名句荟萃

1.富贵不能淫,贫贱不能移,威武不能屈。　　——孟子
2.不戚戚于贫贱,不汲汲于富贵。　　——陶渊明
3.举世皆浊我独清,众人皆醉我独醒。　　——屈原
4.高山仰止,景行行止。　　——《诗经·小雅》
5.人生贵有胸中竹,经得艰难考验时。　　——叶剑英
6.桃李不言,下自成蹊。　　——《史记》
7.居上不骄,为下不倍。　　——《中庸》
8.君子忧道不忧贫。　　——《论语·卫灵公》
9.贫而无谄,富而无骄。　　——《论语·学而》
10.君子,不可以不修身。思修身,不可以不事亲。　　——《中庸》

11.大德必得其位,必得其禄,必得其名,必得其寿。　　　　　　　——《中庸》

12.太上有立德,其次有立功,其次有立言。　　　　　　　　　　——《左传》

13.侈则多欲。君子多欲则念慕富贵,枉道速祸。　　　　　　　——司马光

14.世界上有两件东西能够深深地震撼人们的心灵:一件是我们心中崇高的道德准则;另一件是我们头顶上灿烂的星空。　　　　　　　　　　　　　　　　　——康德

15.道德是真理之花。　　　　　　　　　　　　　　　　　　　——雨果

16.美德的本身就是它的报酬。　　　　　　　　　　　　　　　——达拉顿

17.品格可能在重大的时刻中表现出来,但它却是在无关重要的时刻形成的。　——雪莱

18.美德是一种战争状态,我们生活于其中,就要常常与自己作斗争。　——卢梭

19.脸红是美德的颜色。　　　　　　　　　　　　　　　　　　——泰云纳

20.生命短促,只有美德能将它留传到辽远的后世。　　　　　　——莎士比亚

21.真正的美德就像河流一样,越深越无声。　　　　　　　　　——哈利法克斯

22.无论你出身高贵或者低贱,都无关宏旨。但你必须有做人之道。　——歌德

23.即使品德穿着褴褛的衣裳,也应该受到尊敬。　　　　　　　——席勒

24.当你往前走的时候,要一路撒下花朵,因为同样的道路你决不会再走第二回。　——欧文

25.善良的人总是把自己说得卑劣。　　　　　　　　　　　　　——霍桑

26.品格是一种内在的力量,它的存在能直接发挥作用,而无需借助任何手段。　——爱默生

27.对一切事情都喜欢做到精确、严格、正规,这些都不愧是高尚心灵所应有的品质。　——契诃夫

28.假如你的品德十分崇高,莫为出身低微而悲伤,蔷薇常在荆棘中生长。　——萨迪

单元寄语

正所谓"正心笃志,崇德弘毅"。中职生要加强自我修养,严于律己,遵纪守法,明辨是非,坚守道德底线。同时,要自觉接受并弘扬中华民族优秀道德思想,树立正确的价值观念,逐渐形成自己高尚的道德情操,并能够时刻用自己崇高的道德标准规范自己的言行,锤炼自己的品德修为,为实现自己的道德理想而上下求索,做新时代有理想、有道德的中国人!

主 题 单 元 五

孝悌忠信——孝悌行于家，忠信著于乡

单元导语

　　孝、悌、忠、信是儒家重要的伦理道德观念。"孝"，是指孝顺父母，即对父母、对祖先尽孝道；"悌"，是指敬爱兄长、顺从兄长。其中，"孝悌"是实行最高道德原则"仁"的根本条件，也是实现"忠"的前提。

　　培养人的德行要"孝弟（悌）忠信，时时教之"，孝、悌、忠、信既是中华民族的传统美德，也是人们在生活中应当遵循的伦理准则，青少年应当传承和弘扬这些美好的品德，为社会主义精神文明建设贡献自己的力量。

经 典 诵 读

诵读篇目一　史记·商君列传（节选）

诵读日期：＿＿＿＿＿＿＿＿＿＿＿＿＿＿＿＿＿＿

心得感悟：＿＿＿

作者档案

　　司马迁（约公元前145或公元前135—？），字子长，夏阳（今陕西韩城）人，西汉史学家、文学家、思想家，司马谈之子。早年遍游南北，考察风俗，采集传说。初任郎中，元封三年（公元前108年）继父职，任太史令。太初元年（公元前104年）与唐都、落下闳等共订太初历，对历法进行改革。后因对李陵军败降匈奴之事有所辩解，下狱受腐刑。出狱后任中书令，发愤继续完成所著史籍。人称其书为《太史公书》（后称《史记》），《史记》也是中国最早的通史。

　　《史记》开创了纪传体史书的形式，书中不少传记语言生动，人物形象鲜明，是优秀的文学作品，对后世史学与文学都有深远影响。

原作诵读

史记·商君列传（节选）

〔汉〕司马迁

　　令民为什伍①，而相牧司②连坐。不告奸者腰斩，告奸者与斩敌首同赏，匿奸者与降敌同罚。民有二男以上不分异者，倍其赋。有军功者，各以率③受上爵；为私斗者，各以轻重被刑大小。僇力④本业，耕织致粟帛多者复其身⑤。事末利⑥及怠而贫者，举以为收孥⑦。宗室非有军功论，不得为属籍⑧。明尊卑爵秩等级，各以差次⑨名田宅，臣妾衣服以家次⑩。有功者显荣，无功者虽富无所芬华⑪。

　　令既具，未布，恐民之不信，已乃立三丈之木于国都市南门，募民有能徙置北门者予十金。民怪之，莫敢徙。复曰"能徙者予五十金"。有一人徙之，辄予五十金，以明不欺。卒下令。

　　令行于民期年⑫，秦民之国都言初令⑬之不便者以千数。于是太子犯法⑭。卫鞅曰："法之不行，自上犯之。"将法太子。太子，君嗣也，不可施刑，刑其傅公子虔，黥⑮其师公孙贾。明日，秦人皆趋⑯令。行之十年,秦民大说,道不拾遗,山无盗贼,家给人足。民勇于公战,怯于私斗,乡邑大治。

——选自《史记全编》,司马迁著,尹立杰主编,北京日报出版社,2016,第163—164页。

难点注释

①什伍:古代户籍与军队的编制。居民五家为一伍,十家为一什;军队五人为一伍,二伍为一什。

②牧司:相互监督、窥伺。

③率:标准,规定。

④傶(lù)力:努力,尽力。傶,同"勠"。

⑤复其身:免除其自身的劳役负担。复,免除。

⑥事末利:指经营工商以求利。末,指工商业。

⑦收孥(nú):收为奴隶。孥,这里同"奴"。

⑧属籍:指宗室谱籍。这里指享受特权的亲属名册。

⑨差次:差别次序,这里指等级。

⑩家次:家族的等级。

⑪芬华:荣华,贵盛显耀。

⑫期年:一整年。

⑬初令:指商鞅新定不久的法令。

⑭太子犯法:商鞅变法始于秦孝公六年(公元前356年),此时太子尚年幼。此处记载的太子犯法一事在历史上有争议。

⑮黥(qíng):在犯人面部或额上刺刻后涂以黑色颜料的刑罚。

⑯趋:归依,这里指服从。

古文今译

新法把居民五家编为一伍,十家编为一什,互相监督,一家犯罪,其他各家都要受牵连。不告发坏人的人要被腰斩,出来告发坏人的人所获得的奖赏与斩获一个敌人首级的人相同,藏匿坏人的人与投降敌人的人所受处罚相同。一家有两个以上的成年男人而不分家的,要加倍缴纳赋税。立下军功的人,可以根据规定提升爵级;因为私仇而打架斗殴的人,各自根据情节轻重给以惩罚。尽力发展农业,收获粮食和织出的布匹多的人,可以免除其劳役。从事工商业追求利益的人和由于懒惰而变穷的人,把他们全部收为奴隶。国君的宗族里凡是没有军功可以论叙的,不能够列入享受特权的亲属名册。按照爵位的尊卑划分等级,按等级的高低来占有不同的田宅,私家奴仆的穿戴用度都要根据家族的等级而定。有军功的人才能显贵荣华,没有军功的人即使富有钱财,也没有社会地位。

新法已经制定好,还没有公布,商鞅担心百姓不相信自己,于是在国都市场的南门竖起一根三丈长的木杆,招募能把它扛到市场北门的百姓,奖赏其十锭金子,百姓觉得奇怪,没人敢扛走它。商鞅又说:"能把它扛到北门的人,奖赏其五十锭金子。"这时,有一个人把它扛到了北门,商鞅立即赏给他五十锭金子,以表明自己不会欺骗百姓。接着就颁布了新法。

推行新法的第一年,在秦国国都中说新法不好的百姓就达到上千人,这时,秦孝公的太子犯了法,商鞍说："新法不能顺利推行，就是因为上面的人带头犯法。"于是，他准备依法处置太子。但太子是国家未来的继位人，不能对他实施刑罚，于是就处罚了太子的太傅公子虔，在太子的太师公孙贾的脸上刺了字。第二天，秦国的百姓都服从新法了。新法实行了十年，秦国的百姓都非常喜欢新法，路上掉了东西没人捡，山里没有强盗和小偷，家家户户都过得很富裕。百姓都勇于为国战斗，而不敢为私仇打斗，乡村城镇到处都很太平。

作品解读

　　商鞅变法是中国古代社会改革中影响最深刻的变革之一。秦国地处西陲，土地辽阔，民风彪悍，文化落后，在这样的国家施行变法，难度可想而知。且商鞅变法涉及社会各阶层的利益，所遭遇的阻力极大。为树立法令的权威，商鞅先是策划了这场"徙木立信"活动，获取了百姓的信任。后来新法颁布，太子犯法，商鞅也没有让步，处罚了太子的老师公子虔和公孙贾，让百姓看到他推行变法的决心。商鞅变法为秦国的富强奠定了坚实的基础，此后的秦国才逐渐具备了统一六国的实力。

诵读篇目二　战国策·文侯与虞人期猎

诵读日期：＿＿＿＿＿＿＿＿＿＿

心得感悟：＿＿＿＿＿＿＿＿＿＿

作者档案

　　刘向（公元前77—前6），原名刘更生，字子政，世称"刘中垒"，汉朝宗室大臣、经学家、文学家、古琴家、中国目录学鼻祖。祖籍沛郡丰邑（今江苏徐州）。刘邦异母弟刘交的后代，经学家刘歆之父。曾奉命领校秘书，所撰《别录》，是我国最早的图书分类目录。著有《五经通义》《战国策》《列女传》等。

原作诵读

战国策·文侯与虞人期猎

[汉]刘向

　　文侯①与虞人②期猎③。是日，饮酒乐，天雨。文侯将出，左右曰："今日饮酒乐，天又雨，公将焉④之？"文侯曰："吾与虞人期猎，虽乐，岂可不一会期哉！"乃往，身自罢⑤之。魏于是乎始强。

——选自《战国策全译》（下），刘向辑录，王守谦、喻芳葵、王凤春等译注，贵州人民出版社，2022，第1033页。

❖ 难点注释 ❖

①魏文侯:战国时期魏国国君,在诸侯中有美誉。

②虞人:管理山泽的官。

③期猎:约定打猎时间。

④焉:哪里。

⑤罢:停止,取消。

❖ 古文今译 ❖

魏文侯同管理山泽的官约定了打猎的时间。这天,魏文侯与百官饮酒非常的高兴,天下起雨来。文侯要出去赴约,左右的侍臣说:"今天饮酒非常快乐,天又下雨了,您要去哪里呢?"魏文侯说:"我与别人约好了打猎的时间,虽然现在很快乐,但是怎么能不去赴约呢?"于是文侯停止了宴席,亲自前往。魏国从此变得强大。

作品解读

这篇文章用简洁的语言讲述了做人要诚实守信的深刻道理。魏文侯对承诺的坚守、对信义的尊重反映出他高尚的道德品质,这也正是魏国变得强大的原因。文章从魏文侯与人期猎的故事入手,揭示出诚信对于个人乃至国家的重要性,启示我们诚信不仅是个人的美德,更是一种能够推动国家繁荣发展的强大力量。

阅读随感

人无信不立,业无信不兴,国无信不强。可见,诚信不仅是无价之宝,更是个人、企业乃至国家安身立命之本。诚信是一个人应有的基本道德品质,谁丧失了它,谁就会失道寡助,招致失败的厄运;谁恪守它,谁就会得道多助,人生的道路也会越走越宽。

诵读篇目三 雁门太守行

诵读日期:_____

心得感悟:_____

_____

作品档案

关于《雁门太守行》的写作背景,一直有两种说法。其一是创作于唐宪宗元和九年(814年),雁门郡发生叛乱，唐宪宗任命张煦为节度使，领兵前往雁门郡平乱，李贺写下这首诗鼓舞士气。其二是这首诗是李贺在唐宪宗元和二年(807年)送给韩愈的，韩愈是一个爱才的人，对李贺的帮助很多，韩愈看过这首诗后也很欣赏。

原作诵读

雁门太守行

〔唐〕李贺

黑云压城城欲摧，甲光①向日金鳞开。

角声满天秋色里，塞上燕脂凝夜紫②。

半卷红旗临易水③，霜重鼓寒声不起④。

报君黄金台⑤上意，提携玉龙⑥为君死。

——选自《唐诗宋词鉴赏辞典》(第2版)，乐云、黄鸣主编，崇文书局，2020，第273页。

难点注释

①甲光：铠甲迎着(云缝中射下来的)太阳光。甲，铠甲，战衣。

②塞上燕脂凝夜紫：边塞将士的血迹在寒夜中凝为紫色。燕脂，胭脂，色深红。此句中"燕脂""夜紫"皆形容战场血迹。

③易水：河名，发源于河北易县。战国时荆轲《易水歌》："风萧萧兮易水寒，壮士一去兮不复还。"这里是借荆轲的故事来表达悲壮之意。

④声不起：形容鼓声低沉，不响亮。

⑤黄金台：相传战国时燕昭王在易水东南筑台，上面放着黄金，用来招揽天下贤士。

⑥玉龙：指宝剑。传说晋代雷焕曾得玉匣，内藏二剑，后入水化为龙。

古文今译

敌兵滚滚而来，犹如黑云翻卷，城墙仿佛将要坍塌，战士的铠甲在阳光照耀下金光闪烁。号角声响彻秋夜的长空，边塞将士的血迹在寒夜中凝成暗紫色。红旗半卷，援军赶赴易水；夜寒霜重，鼓声重浊低沉。只为报答君王的恩遇，手携宝剑甘愿为国血战到死！

作品解读

奇诡而又妥帖，是李贺诗歌创作的基本特色。这首诗，用鲜艳斑驳的色彩描绘悲壮惨烈的战斗场面，可算是奇诡极了，而这种色彩斑斓的奇异画面却准确地表现了特定时间、特定地点的边塞风光和瞬息变幻的战争风云，又显得很妥帖。其中如金色、胭脂色和紫红色，非但鲜明，而且浓艳，它们和黑色、秋色、玉白色等交织在一起，构成色彩斑斓的画面，用以表现紧张悲壮的战斗场面，构思新奇，形象丰富。诗人的语言极力避免平淡而追求峭奇，为追求峭奇，便在事物的色彩和情态上着力，这是李贺创作诗歌的绝妙之处，也是后人的难学之处。

诵读篇目四　茅屋为秋风所破歌

诵读日期：_____

心得感悟：_____

_____

_____

作品档案

这首诗作于唐肃宗上元二年(761年)八月。上元元年(760年)春天,杜甫求亲告友,在成都浣花溪边盖起了一座茅屋,总算有了一个栖身之所。不料到了上元二年八月,大风破屋,大雨又接踵而至。当时安史之乱尚未平息,诗人感慨万千,写下了这篇脍炙人口的诗篇。

原作诵读

茅屋为秋风所破歌

〔唐〕杜甫

八月秋高风怒号,卷我屋上三重茅。

茅飞渡江洒江郊,高者挂罥①长林梢,下者飘转沉塘坳②。

南村群童欺我老无力,忍能对面为盗贼。

公然抱茅入竹去,唇焦口燥呼不得,归来倚杖自叹息。

俄顷③风定云墨色,秋天漠漠向昏黑。

布衾④多年冷似铁,骄儿恶卧⑤踏里裂。

床头屋漏无干处,雨脚如麻未断绝。

自经丧乱⑥少睡眠,长夜沾湿何由彻!

安得广厦⑦千万间,大庇⑧天下寒士俱欢颜,风雨不动安如山!

呜呼⑨!何时眼前突兀⑩见此屋,吾庐独破受冻死亦足!

——选自《诗词文曲鉴赏·唐诗》,上海辞书出版社文学鉴赏辞典编纂中心编,

上海辞书出版社,2020,第143页。

难点注释

①挂罥(juàn):挂着,挂住。罥,挂。

②塘坳(ào):低洼积水的地方(即池塘)。塘,一作"堂"。坳,水边低地。

③俄顷(qǐng):不久,一会儿,顷刻之间。

④布衾(qīn)：布质的被子。衾，被子。

⑤恶卧：睡相不好。

⑥丧(sāng)乱：战乱，指安史之乱。

⑦广厦(shà)：宽敞的房屋。

⑧大庇(bì)：全部遮盖、掩护起来。庇，遮盖，掩护。

⑨鸣呼：书面感叹词，表示叹息，相当于"唉"。

⑩突兀(wù)：高耸的样子，这里用来形容广厦。

❀古文今译❀

八月秋深狂风怒吼，狂风卷走了我屋顶上好几层茅草。茅草乱飞渡过浣花溪，散落在对岸江边，飞得高的茅草缠绕在高高的树梢上，飞得低的飘飘洒洒沉落到低洼的水塘里。

南村的一群儿童欺负我年老没力气，竟狠心这样当面做"贼"抢东西，明目张胆地抱着茅草跑进竹林里去了。我费尽口舌也遏止不住，回到家后挂着拐杖独自叹息。

不久后风停了，天空上的云像墨一样黑，秋季阴沉迷蒙的天空渐渐黑了下来。布质的被子盖了多年又冷又硬像铁板似的，孩子睡相不好把被子蹬破了。如遇下雨整个屋子没有一点儿干燥的地方，雨点像下垂的麻线一样不停地往下漏。自从安史之乱后我的睡眠就很少了，长夜漫漫，屋子潮湿不干，如何才能捱到天亮？

如何才会有千万间宽敞的房屋，普遍地庇护天底下贫寒的读书人，让他们喜笑颜开，房屋遇到风雨也不为所动，安稳得像山一样。唉！什么时候眼前出现这样高耸的房屋，到那时，即使我的茅屋被秋风吹破，自己受冻而死也心甘情愿！

❀作品解读❀

这是唐代伟大诗人杜甫旅居四川成都草堂期间创作的一首歌行体古诗。此诗叙述作者的茅屋被秋风所破以致全家遭雨淋的痛苦经历，抒发了自己内心的感慨，体现了诗人忧国忧民的崇高思想境界，是杜诗中的典范之作。全篇可分为四段，第一段写面对狂风破屋的焦虑；第二段写面对群童抱茅的无奈；第三段写遭受夜雨的痛苦；第四段写期盼广厦，将苦难加以升华，直抒忧民之情，情感激越轩昂，完美地体现了杜诗"沉郁顿挫"的风格。

诵读篇目五　陈情表

诵读日期：＿＿＿＿＿＿＿＿＿＿＿＿＿＿＿＿＿

心得感悟：＿＿＿＿＿＿＿＿＿＿＿＿＿＿＿＿＿
　　　　　＿＿＿＿＿＿＿＿＿＿＿＿＿＿＿＿＿

作者档案

李密(224—287),一名虔,字令伯,益州犍为武阳(今四川眉山)人。西晋时期大臣、文学家。曾仕蜀汉尚书郎。蜀亡后,晋武帝召其任职,其以祖母年老多病无人奉养为由,上《陈情表》固辞。祖母刘氏去世后,李密才到京师洛阳做官。先后任太子洗马、温县令、汉中太守等职。

原作诵读

陈情表

〔晋〕李密

臣密言:臣以险衅①,夙遭闵凶②。生孩六月,慈父见背③;行年四岁,舅夺母志④。祖母刘,愍臣孤弱,躬亲抚养。臣少多疾病,九岁不行,零丁⑤孤苦,至于成立。既无伯叔,终鲜⑥兄弟,门衰祚⑦薄,晚有儿息。外无期功⑧强近之亲,内无应门五尺之童,茕茕⑨孑立,形影相吊⑩。而刘夙婴疾病,常在床蓐⑪,臣侍汤药,未曾废离⑫。

逮奉圣朝,沐浴清化。前太守臣逵,察⑬臣孝廉⑭;后刺史臣荣,举臣秀才⑮。臣以供养无主,辞不赴命。诏书特下,拜臣郎中,寻蒙国恩,除臣洗马⑯。猥⑰以微贱,当侍东宫,非臣陨首所能上报。臣具以表闻,辞不就职。诏书切峻,责臣逋慢⑱;郡县逼迫,催臣上道;州司临门,急于星火。臣欲奉诏奔驰,则刘病日笃⑲;欲苟顺私情,则告诉⑳不许。臣之进退,实为狼狈。

伏惟㉑圣朝以孝治天下,凡在故老,犹蒙矜育,况臣孤苦,特为尤甚。且臣少事伪朝㉒,历职郎署,本图宦达,不矜名节。今臣亡国贱俘,至微至陋,过蒙拔擢㉓,宠命优渥,岂敢盘桓,有所希冀?但以刘日薄西山,气息奄奄,人命危浅,朝不虑夕。臣无祖母,无以至今日;祖母无臣,无以终余年。母孙二人,更相为命,是以区区㉔不能废远。臣密今年四十有四,祖母刘今年九十有六,是臣尽节于陛下之日长,报养刘之日短也。乌鸟私情㉕,愿乞终养。

臣之辛苦,非独蜀之人士及二州牧伯所见明知,皇天后土,实所共鉴。愿陛下矜愍愚诚,听臣微志。庶刘侥幸,卒保余年,臣生当陨首,死当结草。臣不胜犬马怖惧之情㉖,谨拜表以闻。

——选自《古文观止》(下册),钟基、李先银、王身钢译注,中华书局,2011,第463—467页。

难点注释

①险衅(xiǎn xìn):艰难祸患,指命运不好。险,坎坷。衅,祸患。

②夙(sù)遭闵(mǐn)凶:小时候就遭到不幸。指自己幼年父死母嫁。夙,早时。闵同"悯",指可忧患的事(多指疾病死丧)。凶,不幸。

③见背:弃我而死去。

④舅夺母志:舅父逼迫母亲改变她守节的心愿而令其改嫁。这是母亲改嫁的委婉说法。

⑤零丁:同"伶仃",孤独的样子。

⑥鲜(xiǎn):没有。鲜,本指少,这里是"无"的意思。

⑦祚(zuò):福分。

⑧期(jī)功：指关系比较近的亲属。古代以亲属关系的远近制定丧服的轻重。期，穿一周年孝服的人。功，穿大功服(九个月)、小功服(五个月)的亲族。

⑨茕茕(qióng)：孤单的样子。

⑩吊：安慰。

⑪蓐(rù)：同"褥"，垫子。

⑫废离：指停止侍奉，离开。废，停止。

⑬察：考察和推举。

⑭孝廉：汉代以来荐举人才的一种科目。举孝顺父母，品行方正的人。

⑮秀才：汉代以来选拔人才的一种察举科目。这里是优秀人才的意思，与后代科举的"秀才"含义不同。

⑯洗(xiǎn)马：官名，太子的侍从官。

⑰猥：自谦之词，犹"鄙"。

⑱逋(bū)慢：有意回避，怠慢上命。逋，逃脱。慢，怠慢、轻慢。

⑲日笃(dǔ)：一天比一天沉重。笃，病重。

⑳告诉：申诉(苦衷)。

㉑伏惟：俯伏思量。古时下级对上级表示恭敬的用语，奏疏和书信里常用。

㉒伪朝：这里指被灭掉的蜀国。

㉓过蒙拔擢(zhuó)：受到过分的提拔。过，过分，指屡次升迁。拔擢，提拔、提升。

㉔区区：拳拳，形容自己的私情。

㉕乌鸟私情：乌鸦反哺之情，比喻人的孝心。

㉖犬马怖惧之情：这是臣子谦卑的话，用犬马自比。

✿古文今译

臣李密呈言：臣命运不好，小时候就遭到不幸。生下来才六个月，慈父就去世了；到了四岁，舅父逼迫母亲改变她守节的心愿而改嫁。祖母刘氏，怜悯臣孤苦弱小，就亲自抚养臣。臣小时候经常生病，到九岁还不会走路，孤苦伶仃，直到长大成人。家族内既没有叔伯，也没有兄弟，门庭衰落，福分浅薄，很晚才有儿子。外面没有什么关系密切的亲戚，家里没有照应门户的童仆，臣平时十分孤单，只有自己的影子相伴。而祖母刘氏早已疾病缠身，时常卧床不起，臣侍奉她服用汤药，从来没有离开过。

到了当今圣明的朝代，臣身受清明政治的教化。前有名叫逵的太守，推举臣为孝廉，后有名叫荣的刺史，荐举臣为秀才。臣因为供养祖母之事没人来做，辞谢未接受任命。陛下特地下达诏书，任命臣为郎中，不久又蒙受国家恩典，任命臣为太子洗马。以臣这样卑微低贱的人，去东宫侍奉太子，这实在不是臣抛头捐躯所能报答的。臣把自己的苦衷在奏表中——呈报，辞谢不去就职。如今诏书又下，急切严厉，责备臣有意回避，怠慢上命，郡县的官员一再逼迫，催促臣即刻上路，州官登门督促，比星火还要急。臣想接受诏命马上赶路就职，但祖母刘氏的病情却一天比一天加重，臣想姑且迁就私情，但经上诉苦衷，未蒙准许。臣的处境进退两难，实在是狼狈不堪。

臣想到圣明的朝代以孝道治理天下，凡是年老而有功德的旧臣，尚且受到怜惜养育，何况臣孤苦伶仃，更为严重。而且臣年轻时曾在伪朝任职，做过蜀汉郎官，本来就希图仕途显达，并不想自命清高。现在臣是微贱的亡国俘虏，极为卑微鄙陋，却受到过分的提拔，恩宠十分优厚，怎敢徘徊观望，有非分之想呢？只因祖母刘氏已如迫近西山的残阳，气息微弱，生命垂危，朝不保夕。臣如果没有祖母的抚育，就不能长大活到今天；祖母如果没有臣的侍奉，就不能度过余年。祖母和臣二人，此时更是相依为命，正是出于这种私情，臣不能停止奉养祖母而远出做官。臣李密今年四十四岁，祖母刘氏九十六岁，臣今后为陛下效劳尽节的日子还长，而报答赡养刘氏的日子却已经很短了。臣怀着乌鸦反哺的私情，企求能为祖母养老送终。

臣的艰难处境，不但为蜀地人士和梁州、益州长官所知晓，天地神明也都看得清清楚楚的。愿陛下怜悯臣愚拙的诚心，准许臣卑微的请求。祖母刘氏最终能侥幸地安度余年，臣生时献身，死后变鬼，也当结草以报答陛下的恩情。臣怀着犬马一样不胜惶恐的心情，恭谨地拜上表章。

作品解读

《陈情表》是中国古代散文中的名篇，全文可分为三个部分。

第一段为第一部分，作者讲述自己遭遇的不幸和祖母疾病在身的困境。父亲早早去世，母亲被迫改嫁，家族人丁单薄。作者自幼与祖母相依为命，而祖母夙婴疾病，常在床褥，能够把作者抚养成人实在不易。作者以此作为暂缓赴任的理由，希望得到皇帝的同情和谅解。

第二段为第二部分，作者先表达自己身受晋朝政治的教化和皇帝的器重，十分感激，然后指出自己进退两难的处境，即自己想要奉诏就职，但祖母病情日益加重，需要自己侍奉。

第三段和第四段为第三部分，作者表明自己并不是自命清高，只是因为要孝顺病情危重的祖母才暂时不能做官，并表明日后效忠之心。作者先以"圣朝以孝治天下，凡在故老，犹蒙矜育"为由，说明自己尽孝祖母，不能立即奉诏就职。接着又将效忠皇帝和赡养祖母做对比，请求皇帝怜悯自己，并表明今后要报答皇帝的决心——"生当陨首，死当结草"。

《陈情表》全文以"孝"为核心，但又不离一个"忠"字。作者在"孝"与"忠"的表述中，融入了浓郁、深厚的感情，层层深入，大大增强了文章的说服力和感染力，既表达了作者与祖母相依为命、不能分离的现状，也表达了对皇帝的忠心；既达到了为祖母送终尽孝暂缓赴职的目的，也博得了皇帝的同情和谅解。

诵读篇目六　岁暮到家

诵读日期：＿＿＿＿＿＿＿＿＿＿＿＿＿＿＿＿＿＿＿

心得感悟：＿＿＿＿＿＿＿＿＿＿＿＿＿＿＿＿＿＿＿
＿＿＿＿＿＿＿＿＿＿＿＿＿＿＿＿＿＿＿＿＿＿＿＿

作者档案

蒋士铨（1725—1785），字心余、清容、苕生，号藏园，江西铅山人，清代戏曲家，文学家。蒋士铨幼年家境清寒，父亲长年奔走在外，他从小跟随母亲寄居在外祖父家中，由母亲教养读书，受到良好的教育。他于乾隆二十二年(1757年)考取进士，曾任翰林院编修。作有杂剧、传奇十六种，其中《临川梦》等九种合集，称《藏园九种曲》。在诗作方面，他同袁枚、赵翼并称"江右三大家"。著有《忠雅堂诗集》《忠雅堂文集》等，另有散曲集《南北杂曲》。

《原作诵读》

岁暮到家

〔清〕蒋士铨

爱子心无尽，归家喜及辰①。

寒衣针线密，家信墨痕新。

见面怜清瘦，呼儿问苦辛。

低回②愧人子，不敢叹风尘③。

——选自《宋元明清诗选》，宋丽静选注，河北大学出版社，2006，第211页。

《难点注释》

①及辰：及时。
②低回：也作"低徊"。意为徘徊，流连。
③风尘：指旅途辛苦。

《古文今译》

母亲的爱子之心是无穷无尽的，其最高兴的事莫过于游子过年之前能够返家。她为我缝制棉衣的针脚密密麻麻的，家书里的字迹墨痕犹如新的一样。一见面母亲便怜爱地说我瘦了，呼唤着我细问旅途是否艰苦。母亲啊，儿子已经愧对您了，不忍诉说漂泊在外的劳累辛苦。

《作品解读》

作者采用白描的手法，极力写出母子相见时，喜悦中含有几分伤感的真实场景和复杂感情，语言朴素，情真意切。母亲疼爱子女的心情是没有尽头的，子女在外奔波，终于在年底回家与亲人团聚，怎不令人喜出望外。

作者着意表现母子情，但并没有停留在单纯、抽象的叙写上，而是借助衣物、言行、心理活动等描写，使这种情感更加具体化、形象化。在诗的第三句和第四句中，"寒衣"和"家信"这两个具体的事物是真挚母爱的实物见证，凝结着母亲对子女的爱和思念。

诗的第五句和第六句，作者写了到家时的情形：一见面，母亲便察觉到儿子面容清瘦了，连忙地问其在外的辛苦。作者采用极简略的问话形式，突出了母亲又爱又怜的神态。至此，岁暮到家之喜中已经掺入些许悲情。面对母亲的追问，作者想到自己身为人子而不能在家侍奉母亲，反而让母亲牵挂，因此不忍心说出自己旅途上的劳累和辛苦。诗的末尾两句，突出了作者爱怜母亲的行为和心理特征。

美 文 赏 读

赏读篇目一　我用残损的手掌

赏读日期：_____

心得感悟：_____

_____

作者档案

戴望舒(1905—1950)，笔名有戴梦鸥、江思、艾昂甫等，生于浙江杭州，中国现代著名诗人，中国现代象征派诗歌的代表。因《雨巷》成为传诵一时的名作，其被称为"雨巷诗人"。

原文赏读

我用残损的手掌

戴望舒

我用残损的手掌

摸索这广大的土地：

这一角已变成灰烬，

那一角只是血和泥；

这一片湖该是我的家乡，

(春天，堤上繁花如锦幛，

嫩柳枝折断有奇异的芬芳)

我触到荇藻和水的微凉；

这长白山的雪峰冷到彻骨，

这黄河的水夹泥沙在指间滑出；

江南的水田，你当年新生的禾草

是那么细，那么软……现在只有蓬蒿；

岭南的荔枝花寂寞地憔悴，

尽那边，我蘸着南海没有渔船的苦水……

无形的手掌掠过无限的江山，

手指沾了血和灰，手掌粘了阴暗，

只有那辽远的一角依然完整，

温暖，明朗，坚固而蓬勃生春。

在那上面，我用残损的手掌轻抚，

像恋人的柔发，婴孩手中乳。

我把全部的力量运在手掌

贴在上面，寄与爱和一切希望，

因为只有那里是太阳，是春，

将驱逐阴暗，带来苏生，

因为只有那里我们不像牲口一样活，

蝼蚁一样死……那里，永恒的中国！

——选自《文学经典鉴赏·新诗三百首》，上海辞书出版社文学鉴赏辞典编纂中心编，

上海辞书出版社，2021，第92页。

作品解读

　　本诗是戴望舒在日寇铁窗下写给苦难祖国的抒怀之作。"残损的手掌"既是写实，又是诗人坚贞不屈意志的写照。

　　1942年4月，诗人在报纸上编发了宣传抗日的诗歌，被日军逮捕，受尽严刑拷打，致残在狱中，但他始终没有屈服，在狱中写下了《我用残损的手掌》和《狱中题壁》两首如泣如诉的诗歌。

　　诗人在狱中受尽摧残，虽然手掌残损了，但他却依然坚贞不屈地用它"摸索"这可爱的土地，安抚这可爱的人民，这不正是一种"生命不息，战斗不止"的气概么？试问，有什么样的精神比这还可贵？有什么样的气质比这更迷人？

赏读篇目二　母亲颂

赏读日期：_____

心得感悟：_____

　　　　　_____

作者档案

　　纪伯伦（1883—1931），黎巴嫩裔美国诗人、作家、画家。和泰戈尔一样，是领导近代东方文学走向世界

的先驱。同时,他又是阿拉伯现代小说和艺术散文的主要奠基人,是20世纪阿拉伯新文学道路的开拓者之一。著有《泪与笑》《先知》《沙与沫》等。

《原文赏读》

母亲颂

〔美〕纪伯伦

人的嘴唇所能发出的最甜美的字眼,就是"母亲",最美好的呼喊,就是"妈"。这是一个简单而又意味深长的字眼,充满了希望、爱、抚慰和人的心灵中所有亲昵、甜蜜和美好的感情。在人生中,母亲就是一切。在悲伤时,她是慰藉;在沮丧时,她是希望;在软弱时,她是力量。她是同情、怜悯、慈爱、宽宥的源泉。谁要是失去了母亲,就失去了他的头所依托的胸膛,失去了为他祝福的手,失去了保护他的眼睛……自然界的一切,都象征并表露着母性。太阳,是大地的母亲,她以热量孕育了大地,用光明拥抱大地。大地,是树木花草的母亲,她生育并培养它们,直到它们长大。树木花草又是香甜可口的果实和充满活力的种子的慈母。而宇宙万物的母亲,则是充满美和爱的无始无终的永恒不灭的绝对精神。

母亲这个字眼,蕴藏在我们的心底,就像果核埋在土地深处。在我们悲伤、欢乐的时刻,这个字眼会从我们嘴里迸出,如同万里晴空和细雨蒙蒙时,从玫瑰花蕾溢出的芳香。

——选自《朗诵》,李俊文主编,四川文艺出版社,2021,第206页。

作品解读

本文很能体现纪伯伦作品的艺术风格:既有理性思考的严肃与冷峻,又有咏叹调式的浪漫与抒情;善于在平淡中发掘隽永,在美妙的比喻中启示深刻的哲理。悲伤时的慰藉、沮丧时的希望、软弱时的力量……纪伯伦在这篇《母亲颂》里,以极有个性的语言,把一切赞美之词都献给了母亲。在他的眼里,母亲给了自己一切。其实,没有什么言辞能够描述出这样伟大的情操。在母爱面前,人类的语言如此苍白。正如同无法用萤火虫的微光来描述太阳的光芒,我们同样也无法用任何言辞,乃至一切有形的东西,来描述母亲赐予我们的爱!

名句荟萃

1.英雄非无泪,不洒敌人前。男儿七尺躯,愿为祖国捐。　　　　　　　　　　　——陈辉

2.仁之实,事亲是也;义之实,从兄是也。　　　　　　　　　　　　　　　　　——孟子

3.瞒人之事弗为,害人之心弗存,有益国家之事虽死弗避。　　　　　　　　　　——吕坤

4.功名万里外,心事一杯中。　　　　　　　　　　　　　　　　　　　　　　　——高适

5.人之行,莫大于孝。　　　　　　　　　　　　　　　　　　　　　　　　　——《孝经》

6.戎马关山北,凭轩涕泗流。　　　　　　　　　　　　　　　　　　　　　　　——杜甫

7.笛里谁知壮士心,沙头空照征人骨。　　　　　　　　　　　　　　　　　　　——陆游

8.一身报国有万死,双鬓向人无再青。　　　　　　　　　　　　　　　　　　　——陆游

9.疾风知劲草,板荡识诚臣。　　　　　　　　　　　　　　　　　　　　　　　——李世民

10.男儿立志扶王室,圣主专师灭虏酋。　　　　　　　　　　　　　　　　　　　——岳飞

11.恢复山河日,捐躯分亦甘。　　　　　　　　　　　　　　　　——岳飞

12.今夜月明人尽望,不知秋思落谁家　　　　　　　　　　　　　——王建

13.取义成仁今日事,人间遍种自由花。　　　　　　　　　　　　——陈毅

14.志不强者智不达,言不信者行不果。　　　　　　　　　　　——《墨子·修身》

15.羊有跪乳之恩,鸦有反哺之义。　　　　　　　　　　　　　——《增广贤文》

16.无父何怙,无母何恃?　　　　　　　　　　　　　　　　——《诗经·小雅》

17.十月胎恩重,三生报答轻。一尺三寸婴,十又八载功。　　——《劝孝歌》

18.万爱千恩百苦,疼我孰知父母?　　　　　　　　　　　　——《小儿语》

19.言无常信,行无常贞,惟利所在,无所不倾,若是,则可谓小人矣。——荀子

20.信犹五行之土,无定位,无成名,而水金木无不待是以生者。　——朱熹

21.若有人兮天一方,忠为衣兮信为裳。　　　　　　　　　　　　——卢照邻

22.真者,精诚之至也,不精不诚,不能动人。　　　　　　　　——《庄子·渔父》

23.轻诺必寡信。　　　　　　　　　　　　　　　　　　　　——《老子》

24.善不由外来兮,名不可以虚作。　　　　　　　　　　　　　　——屈原

25.人背信则名不达。　　　　　　　　　　　　　　　　　　　　——刘向

26.人无忠信,不可立于世。　　　　　　　　　　　　　　　　　——程颐

27.人类最不道德处,是不诚实与怯懦。　　　　　　　　　　　　——高尔基

28.没有诚实何来尊严。　　　　　　　　　　　　　　　　　　——西塞罗

29.当信用消失的时候,肉体就没有生命。　　　　　　　　　　　——大仲马

30.真话说一半常是弥天大谎。　　　　　　　　　　　　　　　——富兰克林

31.欺人只能一时,而诚实却是长久之策。　　　　　　　　　　——约翰·雷

32.生命不可能从谎言之中开出灿烂的鲜花。　　　　　　　　　　——海涅

33.对己能真,对人就能去伪,就像黑夜接着白天,影子随着身形。　——莎士比亚

34.人若能摒弃虚伪则会获得极大的心灵平静。　　　　　　　　——马克·吐温

❖单元寄语❖

　　以孝、悌、忠、信为核心,加强人们特别是青少年爱祖国、爱人民、爱父母、爱家园的传统道德教育,对提高全体国民的思想道德素质,弘扬中华优秀传统文化具有十分重要的作用。"仁者人也,亲亲为大。"一个人只有对亲人具有孝悌、爱敬、诚信之心,才会做到"入则孝,出则弟,谨而信,泛爱众,而亲仁",才会忠诚信实地对待社会、国家。中职生要把"孝悌忠信"作为管理自己思想和行为的重要准则,努力提高自身道德素养,不仅要爱亲人、爱朋友,更要爱社会、爱祖国,为构建社会主义和谐社会做出自己的贡献!

主题单元六

礼义廉耻——知耻近乎勇

单元导语

　　古人认为礼指上下有节,义为行动准绳,廉为廉洁方正,耻为有知耻之心。管仲将"礼义廉耻"概括为"四维",即"国有四维,礼义廉耻",提出"四维不张,国乃灭亡",认为"礼义廉耻不立,人君无以自守也"。由此可知,礼义廉耻不仅是维系国家的重要支撑,而且是一个人立身处世的根本节操。

　　中职生要厉行礼义廉耻,加强自我修养,提高思想道德水平,用礼义廉耻来规范和约束自己的行为,努力成为谦谦君子,为维护社会安定、实现国治民安贡献自己的力量。

经典诵读

诵读篇目一 论语·颜渊(节选)

诵读日期：_____

心得感悟：_____
_____

《原作诵读》

论语·颜渊(节选)

颜渊问仁。子曰："克己复礼①为仁。一日克己复礼，天下归仁焉。为仁由己，而由人乎哉?"颜渊曰："请问其目②?"子曰："非礼勿视，非礼勿听，非礼勿言，非礼勿动。"颜渊曰："回虽不敏③，请事斯语矣。"

仲弓问仁。子曰："出门如见大宾，使民如承大祭。己所不欲，勿施于人。在邦无怨，在家无怨。"仲弓曰："雍虽不敏，请事斯语矣。"

——选自《论语集释》(全二册)，程树德撰，程俊英、蒋见元点校，中华书局，2013，第942—951页。

《难点注释》

①克己复礼：克制自己，使自己的行为归到礼的方面去，即合于礼。复礼，归于礼。

②目：条目。

③敏：聪明，机警。

《古文今译》

颜渊问怎样做才是仁。孔子说："克制自己，一切都照着礼的要求去做，这就是仁。一旦这样做了，天下的一切就都归于仁了。实行仁德，完全在于自己，难道还在于别人吗?"颜渊说："请问实行仁的条目有哪些?"孔子说："不合于礼的不要看，不合于礼的不要听，不合于礼的不要说，不合于礼的不要做。"颜渊说："我虽然愚笨，也要照您的这些话去做。"

仲弓问怎样做才是仁。孔子说："出门办事如同去接待贵宾，使唤百姓如同去进行重大的祭祀(都要认真严肃)。自己不愿意要的，不要强加于别人。做到在诸侯国做事不抱怨，在卿大夫的封地里做事也不抱怨。"仲弓说："我虽然愚笨，也要照您的这些话去做。"

作品解读

本篇中,孔子的两位弟子向他请问怎样才是仁,孔子给出了答案,孔子还谈到怎样做才是君子所为。

《论语》这一章阐述了孔子"克己复礼为仁"的主张,据《左传·昭公十二年》记载:"仲尼曰:'古也有志,克己复礼,仁也。'"可见"克己复礼"是孔子以前就有的古语,儒家以之作为一种自我修养的方法。

诵读篇目二 鱼我所欲也

诵读日期: _____

心得感悟: _____

_____

作者档案

孟子受业于子思的门人,晚年与弟子一同著书立说。他把孔子"仁"的观念发展为"仁政"学说;主张以德服人的"王道",反对以力服人的"霸道";提出"民贵君轻"说,认为让民众安居乐业是治国理政的根本;肯定人性本善……孟子的学说对后世儒者影响很大,被认为是孔子学说的继承者。

原作诵读

鱼我所欲也

〔先秦〕孟子

孟子曰:

鱼,我所欲也;熊掌,亦我所欲也。二者不可得兼,舍鱼而取熊掌者也。生,亦我所欲也;义,亦我所欲也。二者不可得兼,舍生而取义者也。

生亦我所欲,所欲有甚于生者,故不为苟得①也;死亦我所恶,所恶有甚于死者,故患有所不辟②也。

如使人之所欲莫甚于生,则凡可以得生者,何不用也?使人之所恶莫甚于死者,则凡可以辟患者,何不为也?由是则生,而有不用也;由是则可以辟患,而有不为也。是故所欲有甚于生者,所恶有甚于死者。非独贤者有是心也,人皆有之,贤者能勿丧③耳。

一箪④食,一豆⑤羹,得之则生,弗得则死;嘑尔而与之,行道之人弗受;蹴⑥尔而与之,乞人不屑也。万钟⑦则不辩礼义而受之,万钟于我何加焉?为宫室之美,妻妾之奉,所识穷乏者得⑧我与⑨?乡⑩为身死而不受,今为宫室之美为之;乡为身死而不受,今为妻妾之奉为之;乡为身死而不受,今为所识穷乏者得我而为之:是亦不可以已乎?此之谓失其本心。

——选自《诗词文典鉴赏·古文》,上海辞书出版社文学鉴赏辞典编纂中心编,上海辞书出版社,2020,第24页。

难点注释

①苟得:苟且获得,这里是"苟且偷生"的意思。

②辟:同"避",躲避。

③勿丧:不丢掉。

④箪(dān):古代盛饭用的圆竹器。

⑤豆:古代一种盛肉或羹的木器。

⑥蹴(cù):用脚踢。

⑦万钟:这里指丰厚的俸禄。钟,古代的一种量器。

⑧得:同"德",这里是感激的意思。

⑨与:语气助词,表示疑问。

⑩乡:同"向",从前。

古文今译

鱼,是我想要的;熊掌,也是我想要的。如果这两种东西不能同时得到,那么我舍弃鱼而选取熊掌。生命,是我想要的;礼义,也是我想要的。如果这两种东西不能同时得到,那么我舍弃生命而选取礼义。

生命也是我想要的,但我想要的有胜过生命的,因此我不做苟且偷生的事;死亡也是我厌恶的,但我所厌恶的还有胜过死亡的,因此有的祸患我不躲避。

假如人们所想要的东西没有胜过生命的,那么凡是可以用来保全生命的手段有什么不可用呢?假如人们所厌恶的事情没有胜过死亡的,那么凡是可以用来躲避祸患的事情有什么不可做呢?利用这种手段就能够活命,而有人不去利用。通过这种方式就可以躲避祸患,而有人不去做。所以人们想要的有胜过生命的,厌恶的有胜过死亡的。不只是贤者有这种思想,人人都有,只不过贤者能不丢掉它罢了。

一碗饭,一碗汤,得到它就能活下去,得不到它就会饿死;没有礼貌地吆喝着给他,饥饿的行人也不愿接受;用脚踢着给他,乞丐也因轻视而不肯接受。不分辨接受丰厚的俸禄是否合乎礼义就接受,丰厚的俸禄对我有什么益处呢?为了宫室的华美、妻妾的侍奉和所认识的穷人,他们会感激我吗?从前为了礼义宁愿死也不接受施舍,现在却为了宫室的华美就接受了;从前为了礼义宁愿死也不接受施舍,现在为了妻妾的侍奉就接受了;从前为了礼义宁愿死也不接受施舍,现在为了所认识的穷人的感激就接受了,这种做法难道不应该停止吗?这就叫失去了人的本心。

作品解读

在本文中,作者先以鱼和熊掌打比方,进而论述了生、死、义、利的关系,强调"义"比"生"更重要,主张舍生取义。这里的"义"和文章最后的"此之谓失其本心"中的"本心"都是指人的羞恶之心。因为人只有拥有羞恶之心,才能不被"宫室之美""妻妾之奉"和"所识穷乏者得我"所诱惑,而像"不食嗟来之食"的人一样,内心有一种凛然之"义"。

作者通过对比两种生死观,赞扬那些重义轻生、舍生取义的人,斥责那些苟且偷生、见利忘义的人,同时告诫人们不要失去本心。他提出的舍生取义的观点,无论是在古代,还是在现代,都具有积极的意义。

诵读篇目三 廉耻(节选)

诵读日期:＿＿＿＿＿＿＿＿＿＿＿＿＿＿＿＿＿

心得感悟:＿＿＿＿＿＿＿＿＿＿＿＿＿＿＿＿＿
　　　　　＿＿＿＿＿＿＿＿＿＿＿＿＿＿＿＿＿

作者档案

顾炎武(1613—1682),原名绛,字忠清。明亡后改名炎武,字宁人,学者称"亭林先生",江苏昆山人,明清之际思想家。曾参加"复社"反宦官权贵斗争,后致力于学术研究。反对空谈"心、理、性、命",提倡"经世致用"的实际学问,认为"六经之旨与当世之务"应该结合,并以"博学于文""行己有耻"为座右铭,肯定读书博学与气节砥砺同样重要。与黄宗羲、王夫之并称"清初三先生"。著作有《日知录》《天下郡国利病书》《肇域志》《音学五书》《韵补正》《亭林诗文集》等。

原作诵读

廉耻(节选)

〔明〕顾炎武

《五代史·冯道传》①论曰:"'礼义廉耻,国之四维②;四维不张,国乃灭亡。'善乎,管生③之能言也! 礼义,治人之大法;廉耻,立人之大节。盖不廉则无所不取,不耻则无所不为。人而如此,则祸败乱亡亦无所不至。况为大臣,而无所不取,无所不为,则天下其有不乱,国家其④有不亡者乎?"然而四者之中,耻尤为要。故夫子⑤之论士,曰"行己有耻";《孟子》曰:"人不可以无耻,无耻之耻,无耻矣。"又曰:"耻之于人大矣,为机变⑥之巧者,无所用耻焉。"所以然者,人之不廉而至于悖礼犯义,其原皆生于无耻也。故士大夫之无耻,是谓国耻。吾观三代以下,世衰道微,弃礼义,捐廉耻,非一朝一夕之故。然而松柏后凋于岁寒,鸡鸣不已于风雨,彼昏之日,固未尝无独醒之人也。顷读《颜氏家训》⑦,有云:"齐朝一士夫尝谓吾曰:'我有一儿,年已十七,颇晓书疏⑧。教其鲜卑语及弹琵琶,稍欲通解。以此伏事公卿,无不宠爱。'吾时俯而不答。异哉,此人之教子也! 若由此业自致卿相,亦不愿汝曹为之。"嗟乎,之推不得已而仕于乱世,犹为此言,尚有《小宛》⑨诗人之意。彼阉然⑩媚于世者,能无愧哉?

——选自《日知录》,顾炎武著,郑若萍注译,崇文书局,2020,第 102—103 页。

难点注释

①《五代史·冯道传》:这里指《新五代史》,北宋欧阳修撰,共七十四卷。纪传体五代史,不分五史,通为

纪传。冯道(882—954),五代时瀛州景城(今河北沧州)人,字可道,自号"长乐老"。历仕后唐、后晋、契丹、后汉、后周,不离高位,亡国丧君未尝在意,颇为后人非议。

②四维:礼、义、廉、耻四种道德规范的合称。维,系物的大绳,喻指一切事物赖以固定的东西。《管子·牧民》中说"何谓四维?一曰礼,二曰义,三曰廉,四曰耻",并认为礼、义、廉、耻为国之四维。

③管生:管仲,春秋初期著名政治家,曾辅佐齐桓公实施政治改革,使齐首先称霸于诸侯。

④其:同"岂"。

⑤夫子:指孔子。

⑥机变:谋诈,巧伪。

⑦《颜氏家训》:北齐文学家颜之推著。作者以《论语》《孝经》等儒家经典为据,内容强调父慈子孝、兄友弟恭、夫义妇顺等封建伦理道德规范以及维系此规范的家教、家法。

⑧疏:疏通文义。古书注释体式之一,不仅注释正文,也注释古注。

⑨《小宛》:《诗经·小雅》中的一篇,是一首关于遭逢乱世而兄弟相诫以免祸的诗。

⑩阉然:曲意逢迎的样子。

古文今译

《五代史·冯道传》评论说:"'礼义廉耻,是维系国家的四种道德规范;这四种道德规范没有确立,国家就会灭亡。'管仲这话说得多好啊!礼义,是治理百姓的重要法则;廉耻,是为人立身的根本节操。不廉洁就没有不敢拿的,不知耻就没有不敢做的。人如果像这样,则灾祸、动乱、失败、灭亡到处都是。何况做大臣的无所不取,无所不为,天下难道还有不乱,国家难道还有不灭亡的!"然而四种道德规范中,知耻最为重要。所以孔子在论士时说:"为士者处世行事能知耻而有所不为。"孟子说:"人不可以无耻,以无耻为耻辱,就不会招来耻辱。"又说:"知耻对于人来说太重要了,一个谋诈、巧伪的人,是不会把耻辱放在心上的。"之所以这样说,是因为人的不廉洁而违背礼制、触犯道义,根源都在于无耻。所以士大夫的无耻,就是国家所蒙受的耻辱。

我观察夏、商、周三代以后,世风衰败,道德沦丧,放弃礼义,舍去廉耻,并不是一朝一夕的缘故。然而松柏在岁末寒冬仍不凋谢,即使有狂风暴雨,报晓的鸡鸣声也不会停止,他人昏聩的时候,必定也有独自清醒的人。近来读《颜氏家训》,书中说:"齐朝有一个士大夫曾对我说:'我有一个儿子,已经十七岁,十分通晓书文注释。教他鲜卑语、弹琵琶,差不多要精通了。用这些来侍奉朝廷中的高官,没有谁不宠爱。'我当时低头不语。这个人教儿子的方法真奇怪啊!如果凭借这种办法能成为卿相,我也不愿你们这样做。"唉,颜之推不得已而在乱世当官,还能说出这样的话,尚且有《小宛》中所表达的意思,那些曲意逢迎、谄媚世人的人,怎能不感到羞愧!

作品解读

在文章的第一段中,作者以《五代史·冯道传》中所引用的管仲名言为中心论点,认为"礼义,治人之大法;廉耻,立人之大节",同时指出不廉不耻之人对国家和天下的危害。在四维之中,作者认为知耻最为重要,并以孔子"行己有耻"和孟子"人不可以无耻"的名言为佐证,认为违背礼义的根源在于无耻。最终得出"士大夫之无耻,是谓国耻"的结论。

在文章的第二段中,作者以《颜氏家训》为例,赞扬了颜之推在乱世中仍保持气节的行为,鞭挞了北齐士大夫们丧失气节、奴颜婢膝的无耻行径,对那些明清易代之际不顾廉耻、变节求荣的大臣们表示谴责,表明自己要做"独醒"之人的愿望。作者的思想固然有民族和其所处时代的局限性,但是他所赞颂的"行己有耻"的思想却是值得推崇的。

诵读篇目四　庄子·渔父(节选)

诵读日期：＿＿＿＿＿＿＿＿＿＿＿＿＿＿＿＿＿＿＿

心得感悟：＿＿＿＿＿＿＿＿＿＿＿＿＿＿＿＿＿＿＿

＿＿＿＿＿＿＿＿＿＿＿＿＿＿＿＿＿＿＿＿＿＿＿＿＿

作者档案

　　庄子，名周，后人称为"南华真人"，战国时期著名的思想家、哲学家、文学家，是道家学派的代表人物，老子哲学思想的继承者和发展者，先秦庄子学派的创始人。庄子的学说涵盖着当时社会生活的方方面面，但根本精神还是归依于老子的哲学。后世将庄子与老子并称为"老庄"，将其哲学称为"老庄哲学"。

原作诵读

庄子·渔父(节选)

　　孔子愀然①曰："请问何谓真？"客曰："真者，精诚之至也。不精不诚，不能动人。故强哭者，虽悲不哀；强怒者，虽严不威；强亲者，虽笑不和。真悲无声而哀，真怒未发而威，真亲未笑而和。真在内者，神动于外，是所以贵真也。其用于人理②也，事亲则慈孝，事君则忠贞，饮酒则欢乐，处丧则悲哀。忠贞以功为主，饮酒以乐为主，处丧以哀为主，事亲以适为主。功成之美，无③一其迹矣。事亲以适，不论所以矣；饮酒以乐，不选其具矣；处丧以哀，无问其礼矣。礼者，世俗之所为也；真者，所以受于天④也，自然不可易也。故圣人法天贵真，不拘于俗。愚者反此。不能法天而恤⑤于人，不知贵真，禄禄⑥而受变于俗⑦，故不足。惜哉，子之蚤湛于人伪而晚闻大道也！"

　　孔子又再拜而起曰："今者丘得遇也，若天幸然。先生不羞而比之服役，而身教之。敢问舍所在，请因受业而卒学大道。"客曰："吾闻之，可与往者与之，至于妙道；不可与往者，不知其道，慎勿与之，身乃无咎。子勉之！吾去子矣，吾去子矣！"乃刺船而去，延缘苇间。

　　颜渊还车，子路授绥，孔子不顾，待水波定，不闻拏音而后敢乘。

——选自《老庄名篇鉴赏辞典》，上海辞书出版社专科辞典编纂出版中心编，上海辞书出版社，2016，第383—384 页。

难点注释

①愀(qiǎo)然：忧愁的样子。

②人理：人伦。

③无：同"毋"，不拘，不需要。

④受于天：禀受于自然。

⑤恤：体恤，周济。

⑥禄禄：同"碌"，平凡的样子。

⑦受变于俗：受世俗影响而变化。

古文今译

孔子凄凉悲伤地说："请问什么叫作真？"渔父回答："所谓真，就是精诚的极点。不精不诚，不能感动人。所以，勉强啼哭的人虽然外表悲痛其实并不哀伤，勉强发怒的人虽然外表严厉其实并不威严，勉强亲热的人虽然笑容满面其实并不和善。真正的悲痛是没有哭声而哀伤，真正的怒气是未曾发作而威严，真正的亲热是未曾含笑而和善。真心的情感在心中并不外露，而神情则流露在外，这就是看重真情本性的原因。将上述道理用于人伦关系，侍奉双亲就会慈善孝顺，辅助国君就会忠贞不渝，饮酒就会舒心乐意，居丧就会悲痛哀伤。忠贞以建功为主旨，饮酒以欢乐为主旨，居丧以致哀为主旨，侍奉双亲以适意为主旨。功业与成就的目的在于达到圆满美好，因而不必拘于一个轨迹；侍奉双亲的目的在于达到适意，因而不必考虑使用什么方法；饮酒的目的在于获得欢乐，没有必要选用就餐的器具；居丧的目的在于致以哀伤，不必过问规范礼仪。礼仪，是世俗人的行为；纯真，却是禀受于自然，出自自然因而也就不可改变。所以圣哲之人总是效法自然看重本真，不受世俗的拘束。愚昧的人则刚好与此相反。不能效法自然而忧虑世人，不知道珍惜真情本性，庸庸碌碌地在流俗中承受着变化，因此总是不知满足。可惜啊，你过早地沉溺于世俗的伪诈而太晚才听闻大道。"

孔子又一次深深行礼后站起身来，说："如今我孔丘有幸能遇到先生，好像苍天特别宠幸于我似的。先生不以此为羞辱并把我当作弟子一样看待，而且还亲自教导我。我冒昧地打听先生的住处，请求借此受业于门下而最终学完大道。"渔父说："我听说，可以迷途知返的人就与之交往，直至领悟玄妙的大道；不能迷途知返的人，不会真正懂得大道，谨慎小心地不要与他们结交，自身也就不会招来祸殃。你自己勉励吧！我得离开你了！我得离开你了！"于是撑船离开孔子，缓缓地顺着芦苇丛中的水道划船而去。

颜渊掉转车头，子路递过拉着上车的绳索，孔子看着渔父离去的方向头也不回，直到水波平定，听不见桨声才登上车子。

作品解读

《庄子·渔父》写了孔子见到渔父以及和渔父对话的全过程。阐述了庄子"持守其真"，回归自然的主张，表现了庄子热爱自然、尊崇真我、回归本性的精神。庄子其实是在告诫人们，真诚是做人立事的根本，只可真诚做人，表里如一，要避免用虚情假意对待他人，对待工作。

诵读篇目五　礼记·曲礼（节选）

诵读日期：_____

心得感悟：_____

_____

作品档案

《曲礼》是《礼记》中的一篇文章。《曲礼》记录了先秦儒家关于各种礼仪制度的言论,节选的内容主要讲述做人和治学的态度。

原作诵读

礼记·曲礼(节选)

敖①不可长,欲不可从②,志不可满,乐不可极③。贤者狎④而敬之,畏而爱之。爱而知其恶,憎而知其善。积而能散,安安而能迁⑤。临⑥财毋苟得,临难毋苟免。很⑦毋求胜,分毋求多。疑事毋质⑧,直⑨而勿有。

——选自《礼记译解》,王文锦译解,中华书局,2016,第1页。

难点注释

①敖:同"傲",傲慢。

②从:同"纵",放纵。

③极:达到顶点。

④狎:亲近。

⑤安安而能迁:安安,满足于平安的境遇。迁,改变。

⑥临:遇上,面对。

⑦很:争论,争执。

⑧质:判定,证明。

⑨直:明白。

古文今译

傲慢不可滋长,欲望不可放纵,志向不可自满,享乐不可达到极点。对贤能的人要亲近并敬重,要敬畏并爱戴。对所爱的人要了解他的不足,对憎恨的人要看到他的优点。能积聚财富又能分派济贫,能适应稳定又能适应变化。遇到财物不随便获得,遇到危难不轻易逃避。争执时不要求胜,分派时不要求多。不懂的事不要下断语,已明白的事不要自夸知道。

作品解读

在任何时候,在任何事情上,人们都不能走向极端,只有这样才能在不断变化中有所作为。这是儒家对人生所持的基本态度,它是积极的、现实的、进取的,同时又是谨慎的、保守的。这种人生态度深刻影响了我们民族精神的塑造。

诵读篇目六　楚辞·卜居

诵读日期：_____

心得感悟：_____

_____

❄ 作品档案 ❄

《楚辞》是中国文学史上第一部浪漫主义诗歌总集，全书以屈原作品为主，其余各篇也是承袭屈赋的形式。《楚辞》经历了屈原始创、屈后仿作、汉初搜集，至刘向辑录等历程，以其运用楚地的文学样式、方言声韵和风土物产等，具有浓厚的地方色彩，故名《楚辞》，对后世诗歌产生深远影响。

《 原作诵读 》

楚辞·卜居①

屈原既放，三年不得复见。竭智尽忠，而蔽障②于谗，心烦虑乱，不知所从。乃往见太卜③郑詹尹曰："余有所疑，愿因先生决之。"詹尹乃端策拂龟④曰："君将何以教之？"

屈原曰："吾宁悃悃款款⑤，朴以忠乎，将送往劳来⑥，斯无穷乎？宁诛锄草茅以力耕乎，将游大人以成名乎？宁正言不讳以危身乎，将从俗富贵以偷生乎？宁超然高举以保真乎，将哫訾栗斯⑦、喔咿儒睨⑧以事妇人⑨乎？宁廉洁正直以自清乎，将突梯滑稽⑩、如脂如韦⑪，以絜楹⑫乎？宁昂昂若千里之驹乎，将泛泛⑬若水中之凫乎，与波上下，偷以全吾躯乎？宁与骐骥亢轭⑭乎，将随驽马之迹乎？宁与黄鹄⑮比翼乎，将与鸡鹜争食乎？此孰吉孰凶，何去何从？世溷浊⑯而不清，蝉翼为重，千钧⑰为轻；黄钟⑱毁弃，瓦釜⑲雷鸣；谗人高张，贤士无名。吁嗟默默兮，谁知吾之廉贞？"

詹尹乃释策而谢⑳曰："夫尺有所短，寸有所长，物有所不足，智有所不明，数有所不逮，神有所不通。用君之心，行君之意。龟策诚不能知此事。"

——选自《古文观止》（上册），钟基、李先银、王身钢译注，中华书局，2011，第275—278页。

❄ 难点注释 ❄

①卜居：占卜自己该怎么处世。卜，占卜。居，处世的方法与态度。

②蔽障：遮蔽、阻挠。

③太卜：掌管卜筮的官。

④端策拂龟：端策，数计蓍草。拂龟，拂去龟壳上的灰尘。

⑤恂(kǔn)恂款款：诚实勤恳的样子。

⑥送往劳来：送往迎来。劳，慰劳。

⑦呢(zú)訾(zǐ)栗斯：以言献媚，阿谀奉承状。栗，恭谨，恭敬。斯，语助词。

⑧喔咿儒睨：强颜欢笑的样子。

⑨妇人：指楚怀王的宠姬郑袖，她与朝中重臣上官大夫等人联合排挤谗毁屈原。

⑩突梯滑稽：突梯，圆滑的样子。滑稽，一种能转注吐酒、终日不竭的酒器，后指善于迎合别人。

⑪如脂如韦：像油脂一样光滑，像熟牛皮一样柔软，指善于应付环境。

⑫絜楹(yíng)：度量屋柱，顺圆而转，指处世圆滑随俗。

⑬氾氾：漂浮不定的样子。

⑭亢轭(kàng è)：并驾而行。

⑮黄鹄：天鹅。

⑯溷(hùn)浊：肮脏、污浊。

⑰千钧：代表最重的东西。古制三十斤为一钧。

⑱黄钟：古乐十二律第一律，声调最宏大响亮，这里指声调合于黄钟律的大钟。

⑲瓦釜(fǔ)：陶制的锅，这里指鄙俗音乐。

⑳释策而谢：放下蓍草而抱歉。释，放下。谢，辞谢，拒绝。

古文今译

屈原被流放后，三年不能和楚王相见。他竭尽智慧效忠国家，却因谗言把他和君王遮蔽阻隔。他心烦意乱，不知如何是好。于是去见太卜郑詹尹问卜："我对有些事所疑惑，希望通过您的占卜有所判断。"郑詹尹就数出蓍草、拂去龟甲上的灰尘，问道："先生有何见教？"

屈原说："我宁可诚实勤恳、质朴忠心呢，还是迎来送往、巧于逢迎而摆脱困境？宁可垦荒锄草勤劳耕作呢，还是交游权贵而沽名钓誉？宁可毫无隐讳地直言让自己陷入危机呢，还是顺从世俗贪图富贵而苟且偷生？宁可与众不同保持正直操守呢，还是阿谀逢迎、强颜欢笑以侍奉那位妇人？宁可廉洁正直以保持自己的清白呢，还是圆滑迎合、随俗附势？宁可像志行高远的千里马呢，还是像浮游的野鸭随波逐流而保全自身？宁可与骐骥并驾齐驱呢，还是追随劣马的足迹？宁可与天鹅比翼高飞呢，还是同鸡鸭在地上争食？上述种种，哪个是吉哪个是凶？哪个该舍弃哪个该遵从？现在的世道混浊不清：认为蝉翼是重的，千钧是轻的；黄钟大吕竟遭毁弃，瓦釜陶罐却响如雷鸣；谗佞小人嚣张跋扈，贤明之士则默默无闻。唉，沉默吧，谁人能知我廉洁忠贞的心呢！"

郑詹尹于是放下蓍草抱歉地说："尺比寸长但也有短处，寸比尺短却也有它的长处；世间万物都有不完善的地方，人的智慧也有不明了的时候；术数有占卜不到的事情，天神也有难解之理。您还是按照自己的心志，实行自己的主张吧。龟壳蓍草实在无法知道这些事啊！"

作品解读

文章表现了在当时社会的黑暗腐败背景下，屈原的愤慨和不满，歌颂了他坚持真理、不愿同流合污的斗争精神。文章以屈原提出的问题为主要内容，但这并非是他对人生道路、处世哲学的真正疑惑，而恰是他在世道污浊、是非颠倒中，风骨铮铮的呐喊。

诵读篇目七　石灰吟

诵读日期：_____

心得感悟：_____
_____

作者档案

于谦(1398—1457)，字廷益，号节庵，官至少保，世称"于少保"，浙江杭州钱塘人，明代政治家，谥号忠肃，著有《于忠肃集》。

原作诵读

石灰吟①

〔明〕于谦

千锤万凿出深山，

烈火焚烧若等闲②。

粉骨碎身全不怕，

要留清白在人间。

——选自《国学经典集锦》，刘高杰主编，光明日报出版社，2015，第195页。

难点注释

①石灰吟：赞颂石灰。吟，吟颂，古代诗歌体裁的一种名称(古代诗歌的一种形式)。

②若等闲：好像很平常的事情。

古文今译

(石头)只有经过多次挖凿才能被开采出来，烈火焚烧于它而言是稀松平常之事。

即使粉身碎骨也毫不惧怕，只要把一身清白留在人间。

作品解读

于谦的这首诗不只是石灰形象的写照，更是他的人生追求。这首诗纯用口语，平易浅近，寓哲理于平浅之中。作者以石灰做比喻，表达自己为国尽忠、不怕牺牲的意愿和坚守高洁情操的决心。

阅读随感

人生需要不断地挖掘和磨炼。人的一生不可能一帆风顺,小到学习生活、大到求职生存,免不了要经受磨难。人能否经受得了磨难在于心性,在于定力,在于胸怀。中职生要专心、坚持、耐心地去学习、做事、生活,从而练就行为磊落、胸怀宽广的自己。

美 文 赏 读

赏读篇目一 谈礼貌

赏读日期:＿＿＿＿＿＿＿＿＿＿＿＿＿＿＿

心得感悟:＿＿＿＿＿＿＿＿＿＿＿＿＿＿＿

＿＿＿＿＿＿＿＿＿＿＿＿＿＿＿＿＿＿＿＿＿＿＿＿＿

作者档案

季羡林(1911—2009),中国著名语言学家、作家、翻译家、教育家和社会活动家,精通十二个国家的语言。代表作品有《中印文化关系史论丛》《佛教与中印文化交流》等。

原文赏读

谈礼貌

季羡林

眼下,即使不是百分之百的人,也是绝大多数的人,都抱怨现在社会上不讲礼貌。这是完全有事实做根据的。前许多年,当时我腿脚尚称灵便,出门乘公共汽车的时候多,几乎每一次我都看到在车上吵架的人,甚至动武的人。起因都是微不足道的:你碰了我一下,我踩了你的脚,如此等等。试想,在拥拥挤挤的公共汽车上,谁能不碰谁呢? 这样的事情也值得大动干戈吗?

曾经有一段时间,有关的机关号召大家学习几句话:"谢谢!""对不起!"等等。就是针对上述的情况而发的。其用心良苦,然而我心里却觉得不是滋味。一个有五千年文明的堂堂大国竟要学习幼儿园孩子们学说的话,岂不大可哀哉!

有人把不讲礼貌的行为归咎于新人类或新新人类。我并无资格成为新人类的同党,我已经是属于博物馆的人物了。但是,我却要为他们打抱不平。在他们诞生以前,有人早着了先鞭。不过,话又要说了回来。新人类或新新人类确实在不讲礼貌方面有所创造,有所前进,他们发扬光大了这种并不美妙的传统,他们(往往是一双男女)在光天化日之下,车水马龙之中,拥抱接吻,旁若无人,洋洋自得,连在这方面比较不拘细节的老外看了都目瞪口呆,惊诧不已。古人说:"闺房之内,有甚于画眉者。"这是两口子的私事,谁也管不着。但这是在闺房之内的事,现在竟几乎要搬到大街上来,虽然还没有到"甚于画眉"的水平,可是已经很可观了。新人类还要新到什么程度呢?

如果一个人孤身住在深山老林中,你愿意怎样都行。可我们是处在社会中,这就要讲究点人际关系。人必自爱而后人爱之。没有礼貌是目中无人的一种表现,是自私自利的一种表现,如果这样的人多了,必然产生与社会不协调的后果。千万不要认为这是个人小事而掉以轻心。

现在国际交往日益频繁,不讲礼貌的恶习所产生的恶劣影响,已经不局限于国内,而是会流布全世界。前几年,我看到过一个什么电视片,是由一个意大利著名摄影家拍摄的,主题是介绍北京情况的。北京的名胜古迹当然都包罗无遗,但是,我的眼前忽然一亮:一个光着膀子的胖大汉骑自行车双手撒把,作打太极拳状,飞驰在天安门前宽广的大马路上,给人的形象是野蛮无礼。这样的形象并不多见,然而却没有逃过一个老外的眼光。我相信,这个电视片是会在全世界都放映的。它在外国人心目中会产生什么影响,不是一清二楚了吗?

最后,我想当一个文抄公,抄一段香港《公正报》上的话:"富者有礼高贵,贫者有礼免辱,父子有礼慈孝,兄弟有礼和睦,夫妻有礼情长,朋友有礼义笃,社会有礼祥和。"

——选自《心中的日月》,季羡林著,中国纺织出版社有限公司,2020,第126—128页。

作品解读

说理散文是季羡林散文写作中一个较为重要的类型,这类散文饱含着作者对人生的真切体验和洞彻世事的智慧。本文作者就当时的社会现状入手展开说理,采用了举例论证的方式,主要讨论了在生活中礼貌待人的原因、好处和意义,鼓励人们认识到礼貌待人在社会生活中的重要性,并激励人们在日常生活中践行这一美德。

赏读篇目二 谈羞恶之心(节选)

赏读日期:＿＿＿＿＿＿＿＿＿＿＿＿＿＿＿＿＿

心得感悟:＿＿＿＿＿＿＿＿＿＿＿＿＿＿＿＿＿
＿＿＿＿＿＿＿＿＿＿＿＿＿＿＿＿＿＿＿＿＿＿＿

■ 作者档案

朱光潜(1897—1986),字孟实,安徽桐城人。现当代著名美学家、文艺理论家、教育家、翻译家。北京大学一级教授、中国社会科学院学部委员,中国文学艺术界联合委员会委员,中国外国文学学会常务理事。著有《文艺心理学》《悲剧心理学》《谈美》《谈文学》等。

《原文赏读》

谈羞恶之心(节选)

朱光潜

"羞恶之心"一词出于孟子,他以为是"义之端",这就是说,行为适宜或恰到好处,须从羞恶之心出发。朱子分羞恶为两事,以为"羞是羞己之恶,恶是恶人之恶"。其实只要是恶,在己者可羞亦可恶,在人者可恶亦可羞。只拿行为的恶作对象说,羞恶原是一事。不过从心理的差别说,羞恶确可分对己对人两种。就对己说,羞恶之心起于自尊情操。人生来有向上心,无论在学识、才能、道德或社会地位方面,总想达到甚至超过流行于所属社会的最高标准。如果达不到这标准,显得自己比人低下,就自引以为耻。耻便是羞恶之心,西方人所谓荣誉意识(sense of honour)的消极方面。有耻才能向上奋斗。这中间有一个人我比较,一方面自尊情操不容我居人下,一方面社会情操使我顾虑到社会的毁誉。所以知耻同时有自私的和泛爱的两个不同的动机。对于一般人,耻(即羞恶之心)可以说就是道德情操的基础。他们趋善避恶,与其说是出于良心或责任心,不如说是出于羞恶之心,一方面不甘居下流,一方面看重社会的同情。中国先儒认清此点,所以布政施教,特重明耻。管子甚至以耻与礼义廉并称为"国之四维"。

人须有所为,有所不为。羞恶之心最初是使人有所不为。孟子在讲羞恶之心时,只说是"义之端",并未举例说明,在另一段文字里他说:"人能充无穿窬(yú)之心,而义不可胜用也,人能充无受尔汝之实,无所往而不为义也。"这里他似在举羞恶之心的实例,"无穿窬"(不做贼)和"无受尔汝之实"(不愿被人不恭敬地称呼),都偏于"有所不为"和"胁肩谄笑,病于夏畦""巧言令色足恭,左丘明耻之,丘亦耻之"之类心理相同。但孟子同时又说:"人皆有所不为,达之于其所为,义也。"这就是说,羞恶之心可使人耻为所不应为,扩充起来,也可以使人耻不为所应为。为所应为便是尽责任,所以"知耻近乎勇"。人到了无耻,便无所不为,也便不能有所为。有所不为便可以寡过。但绝对无过实非常人所能。儒家与耶稣教都不责人有过,只力劝人改过。知过能改,须有悔悟。悔悟仍是羞恶之心的表现。羞恶未然的过恶是耻,羞恶已然的过恶是悔。耻令人免过,悔令人改过。

孟子说:"不耻不若人,何若人有?"耻使人自尊自重,不自暴自弃。近代阿德勒(Adler)一派心理学说很可以引来说明这个道理。有羞恶之心先必发现自己的欠缺,发现了欠缺,自以为耻,(阿德勒所谓"卑劣情意综"),觉得非努力把它降伏下去,显出自己的尊严不可(阿德勒所谓"男性的抗议"),于是设法来弥补欠缺,结果不但欠缺弥补起,而且所达到的成就还比平常更优越。德摩斯梯尼本来口吃,不甘受这欠缺的限制,发奋练习演说,于是成为古希腊的最大演说家。贝多芬本有耳病,不甘受这欠缺的限制,发愤练习音乐,于是成为德国的最大音乐家。阿德勒举过许多同样的实例,证明许多历史上的伟大人物在身体资禀或环境方面都有缺陷,这缺陷所生的"卑劣情意综"激起他们的"男性的抗议",于是他们拿出非常的力量,成就非常大事业。中国左丘明因失明而作《国语》,

孙子因膑足而作《兵法》，司马迁因受宫刑而作《史记》，也是很好的例证。阿德勒偏就器官机能方面着眼，其实他的学说可以引申到道德范围。因卑劣意识而起男性抗议，是"知耻近乎勇"的一个很好的解释。诸葛孔明要邀孙权和刘备联合去打曹操，先假劝他向曹操投降，孙权问刘备何以不降，他回答说："田横，齐之壮士耳，犹守义不辱。况刘豫州王室之胄，英才盖世，安能复为之下乎？"孙权听到这话，便勃然宣布他的决心："吾不能举全吴之地，十万之众，受制于人！"这就是先激动羞耻心，再激动勇气，由卑劣意识引到男性抗议。

孟子讲羞恶之心，似专就己一方面说。朱子以为它还有对人一方面，想得更较周到。我们对人有羞恶之心，才能嫉恶如仇，才肯努力去消除世间罪孽、过恶。孔子大圣人，胸襟本极冲和，但《论语》记载他恶人的表现特别多。冉有不能救季氏僭礼，宰我对鲁哀公说话近逢迎，子路说轻视读书的话，樊迟请学稼圃，孔子对他们所表示的态度都含有羞恶的意味。子贡问他："君子亦有所恶乎？"他回答说："有，恶称人之恶者，恶居下流而讪上者，恶勇而无礼者，恶果敢而窒者。"一口气就数上一大串。他尝以"吾未见好仁者恶不仁者"为叹。他最恶的是乡愿（现在所谓伪君子），因为这种人"阉然媚于世也者……非之无举，刺之无刺，居之似忠信，行之似廉洁，众皆悦之，自以为是而不可与入尧舜之道"。他一度为鲁相，第一件要政就是诛少正卯，一个十足的乡愿。我特别提出孔子来说，因为照我们的想象，孔子似不轻于恶人，而他竟恶得如此厉害，这最足证明凡道德情操深厚的人对于过恶必有极深的厌恶。世间许多人没有对象可五体投地地去钦佩，也没有对象可深入骨髓地去厌恶，只一味周旋随和，这种人表面上象是炉火纯青，实在是不明是非，缺乏正义感。社会上这种人愈多，恶人愈可横行无忌，不平的事件也愈可蔓延无碍，社会的混浊也就愈不易澄清。社会所借以维持的是公平（西方所谓 justice），一般人如果没有羞恶之心，任不公平的事件不受裁制，公平就无法存在。过去社会的游侠，和近代社会的革命者，都是迫于义愤，要"打抱不平"，虽非中行，究不失为狂狷，仍是有他们的用处。

个人须有羞恶之心，集团也是如此。田横的五百义士不肯屈伏于刘邦，全体从容赴义，历史传为佳话，古人谈兵，说明耻然后可以教战，因为明耻然后知道"所恶有胜于死者"，不会苟且偷生。我们民族这次英勇的抗战是最好的例证，大家牺牲安适、家庭、财产以至于生命，就因为不甘做奴隶的那一点羞恶之心。大抵一个民族当承平的时候，羞恶之心表现于公是公非，人民都能受道德法律的裁制，使社会秩序井然。所谓"化行俗美""有耻且格"。到了混乱的时候，一般人廉耻道丧，全民族的羞恶之心只能借少数优秀分子保存，于是才有"气节"的风尚。东汉太学生郭泰、李膺、陈蕃诸人处外戚宦官专权恣肆之际，独持清议，一再遭钩党之祸而不稍屈服。明末魏阉执权乱国，士大夫多阿谀取容，其无耻之尤者至认阉作父，东林党人独仗义执言，对阉党声罪致讨，至粉身碎骨而不悔。这些党人的行径容或过于褊急，但在恶势力横行之际能不顾一切，挺身维持正气，对于民族精神所留的影响是不可磨灭的。

目前我们民族正遇着空前的大难，国耻一重一重地压来，抗战的英勇将士固可令人起敬，而此外卖国求荣、贪污误国和醉生梦死者还大有人在，原因正在羞恶之心的缺乏。我们应该记着"明耻教战"的古训，极力培养人皆有之的一点羞恶之心。我们须知道做奴隶可耻，自己睁着眼睛往做奴隶的路上走更可耻。罪过如果在自己，应该忏悔；如果在旁人，也应深恶痛疾，设法加以裁制。

——选自《给青年的十二封信》，朱光潜著，北京联合出版公司，2022，第146—150页。

作品解读

这篇文章说明了羞恶之心对个人、对集团的作用。对于个人来说，羞恶之心使人有所不为、为所应为，使人自尊自重、不自暴自弃，使人嫉恶如仇，努力去消除世间罪孽。对于集团来说，羞恶之心使人在社会承平的时候明白公是公非，在社会混乱之时使人保有"气节"。正是因为有些人没有羞恶之心，才会在国家危难之际卖国求荣、贪污误国，才会逐步沦落为别人的奴隶。因此，作者呼吁要铭记"知耻教战"的古训，把羞恶之心作为一个在全民族抗战的烈火中走向新生的现代民族国家的人人都能够履践的道德理想，这是作者在当时的社会背景下以文学的方式为国家和民族所做的一种道德建设。现如今，虽然国家已经实现了民族独立和人民解放，但是这一道德理想依然在延续着，因此，每一个人都应具备羞恶之心，用羞恶之心明荣辱、知进退，带着一身浩然正气共同促进我国社会主义现代化建设迈向新的一步！

赏读篇目三　一件小事

赏读日期：＿＿＿＿＿＿＿＿＿＿＿＿＿＿＿＿＿＿

心得感悟：＿＿＿＿＿＿＿＿＿＿＿＿＿＿＿＿＿＿

　　　　　＿＿＿＿＿＿＿＿＿＿＿＿＿＿＿＿＿＿

作者档案

鲁迅(1881—1936)，浙江绍兴人。原名周樟寿，后改名周树人，字豫山，后改豫才，"鲁迅"是其1918年发表《狂人日记》时所用的笔名，也是其影响最为广泛的笔名，是著名文学家、思想家，五四新文化运动的重要参与者，中国现代文学的奠基人。毛泽东曾评价："鲁迅的方向，就是中华民族新文化的方向。"

原文赏读

一件小事

鲁迅

　　我从乡下跑到京城里，一转眼已经六年了。其间耳闻目睹的所谓国家大事，算起来也很不少；但在我心里，都不留什么痕迹，倘要我寻出这些事的影响来说，便只是增长了我的坏脾气，——老实说，便是教我一天比一天的看不起人。

　　但有一件小事，却于我有意义，将我从坏脾气里拖开，使我至今忘记不得。

　　这是民国六年的冬天，大北风刮得正猛，我因为生计关系，不得不一早在路上走。一路几乎遇不见人，好不容易才雇定了一辆人力车，教他拉到S门去。不一会，北风小了，路上浮尘早已刮净，剩下一条洁白的大道来，车夫也跑得更快。刚近S门，忽而车把上带着一个人，慢慢地倒了。

　　跌倒的是一个女人，花白头发，衣服都很破烂。伊从马路边上突然向车前横截过来；车夫已经让开道，但伊的破棉背心没有上扣，微风吹着，向外展开，所以终于兜着车把。幸而车夫早有点停步，否则伊定要栽一个大斤斗，跌到头破血出了。

　　伊伏在地上；车夫便也立住脚。我料定这老女人并没有伤，又没有别人看见，便很怪他多事，要自己惹出是非，也误了我的路。

　　我便对他说，"没有什么的。走你的罢！"

　　车夫毫不理会，——或者并没有听到，——却放下车子，扶那老女人慢慢起来，搀着臂膊立定，问伊说：

　　"你怎么啦？"

　　"我摔坏了。"

　　我想，我眼见你慢慢倒地，怎么会摔坏呢，装腔作势罢了，这真可憎恶。车夫多事，也正是自讨苦吃，现在你自己想法去。

　　车夫听了这老女人的话，却毫不踌躇，仍然搀着伊的臂膊，便一步一步的向前走。我有些诧异，忙看前面，是一所巡警分驻所，大风之后，外面也不见人。这车夫扶着那老女人，便正是向那大门走去。

　　我这时突然感到一种异样的感觉，觉得他满身灰尘的后影，刹时高大了，而且愈走愈大，须仰视才见。而且他对于我，渐渐的又几乎变成一种威压，甚而至于要榨出皮袍下面藏着的"小"来。

　　我的活力这时大约有些凝滞了，坐着没有动，也没有想，直到看见分驻所里走出一个巡警，才下了车。

　　巡警走近我说："你自己雇车罢，他不能拉你了。"

　　我没有思索的从外套袋里抓出一大把铜元，交给巡警，说，"请你给他……"

　　风全住了，路上还很静。我走着，一面想，几乎怕敢想到我自己。以前的事姑且搁起，这一大把铜元又是什么意思？奖他么？我还能裁判车夫么？我不能回答自己。

　　这事到了现在，还是时时记起。我因此也时时熬了苦痛，努力的要想到我自己。几年来的文治武力，在我早如幼小时候所读过的"子曰诗云"一般，背不上半句了。独有这一件小事，却总是浮在我眼前，有时反更分明，教我惭愧，催我自新，并且增长我的勇气和希望。

一九二〇年七月

——选自《呐喊》，鲁迅著，四川人民出版社，2020，第47—49页。

作品解读

　　作者以第一人称的叙事视角，通过对比"我"和人力车夫对待被撞的老女人的不同态度，以及"我"在"一件小事"前后的情感变化，歌颂了人力车夫——劳动人民善良、正直、勇于担当的高尚品质，表现出"我"——知识分子敢于自我反省、自我剖析的精神，揭示了知识分子也要向劳动人民学习这一社会主题。作者运用以小见大的写作手法，把深刻的道理通过一件小事展现出来。

名句荟萃

1.心诚色温，气和辞婉，必能动人。

——《谈书录》

2.不学礼,无以立。 ——《论语》

3.志士仁人,无求生以害仁,有杀身以成仁。 ——《论语·卫灵公》

4.宁可玉碎,不能瓦全。 ——《北齐书·元景安传》

5.穷则独善其身,达则兼善天下。 ——《孟子·尽心章句上》

6.人固有一死,或重于泰山,或轻于鸿毛。 ——司马迁

7.不为穷变节,不为贱易志。 ——桓宽

8.国尚礼则国昌,家尚礼则家大,身有礼则身修,心有礼则心泰。 ——颜元

9.学易而好难,行易而力难,耻易而知难。学之不好,行之不力,皆不知耻而耻其所不足耻者乱之也。 ——王夫之

10.毁誉荣辱之来,非独不以动其心,且资之以为切磋砥砺之地。 ——王阳明

11.贫莫贫于不闻道,贱莫贱于不知耻。 ——李西沤

12.士不可一刻忘却耻字。 ——王豫

13.善气迎人,亲如弟兄;恶气迎人,害于戈兵。 ——管仲

14.礼,天之经也,地之义也,民之行也。 ——《左传》

15.爱人者,人恒爱之;敬人者,人恒敬之。 ——孟子

16.让礼一寸,得礼一尺。 ——曹操

17.人无礼则不生,事无礼则不成,国家无礼则不宁。 ——荀子

18.将不可骄,骄则失礼,失礼则人离,人离则众叛。 ——诸葛亮

19.一个人如果对陌生人亲切而有礼貌,那他一定是一位真诚而富有同情心的好人,他的心常和别人的心联系在一起,而不是孤立的。 ——培根

20.礼貌是儿童与青年所应该特别小心地养成习惯的第一件大事。 ——约翰·洛克

21.一个人的礼貌是一面照出他的肖像的镜子。 ——歌德

22.礼貌使有礼貌的人喜悦,也使那些受人以礼貌相待的人们喜悦。 ——孟德斯鸠

23.脾气暴躁是人类较为卑劣的天性之一,人要是发脾气就等于在人类进步的阶梯上倒退了一步。 ——达尔文

24.礼貌经常可以代替最高贵的感情。 ——梅里美

25.礼貌是后天造就的好脾性,它弥补了天性之不足,最后演变成一种近似真美德的习惯。 ——杰斐逊

单元寄语

礼义廉耻作为中华民族传统美德的精髓,在指导着人们立身行道、进德修业方面发挥着重要作用。在时代的变化和发展中,礼义廉耻不断被赋予新的内涵。

在中国特色社会主义进入新时代的背景下,作为新时代的青年,中职生要自觉学习和弘扬中华民族传统美德,将孝悌忠信、礼义廉耻等传统美德有机融入社会主义核心价值观的体系之中,丰富社会主义核心价值观的文化底蕴和精神内涵,做到知荣辱、守诚信、敢创新,勇担社会责任,为实现中华民族伟大复兴的中国梦贡献青春力量!

主题单元七

乐观自信——天生我材必有用

单元导语

达尔文曾说过,乐观是希望的明灯,它指引着你从危险峡谷中步向坦途,使你得到新的生命、新的希望,支持着你的理想永不泯灭。乐观自信的心态是健康人格的基石,也是生命的养料。当人生出现困顿的时候,乐观的人总是会努力想办法去解决问题,而不是自怨自艾,无所作为。当面对挑战的时候,自信的人总是敢于去尝试挑战,勇攀高峰。

"自信人生二百年,会当击水三千里。"人生不可能永远是一片坦途,中职生应怀着积极乐观的心态,笑着面对生活中的起起伏伏,勇敢探索人生的无限可能。

经 典 诵 读

诵读篇目一　至乐(节选)

诵读日期:＿＿＿＿＿＿＿＿＿＿＿＿＿＿＿＿＿＿＿

心得感悟:＿＿＿＿＿＿＿＿＿＿＿＿＿＿＿＿＿＿＿

＿＿＿＿＿＿＿＿＿＿＿＿＿＿＿＿＿＿＿＿＿＿＿＿＿

▌作者档案▐

　　庄子继承和发展老子的"道",认为"道"是无限的,是自本自根、无所不在的,强调事物的自生自化,否认有神的主宰。其观点与老子"道法自然"一脉相承,强调不能人为破坏自然。在美学上,庄子提出"天地有大美而不言""美者自美"等见解来阐发美的起源、本质以及美感等问题。庄子的哲学思想达到了很高的思维水平,对后世影响很大。

《原作诵读》

至乐(节选)

　　天下有至乐①无有哉?有可以活身②者无有哉?今奚③为奚据?奚避奚处?奚就奚去?奚乐奚恶?

　　夫天下之所尊者,富贵寿善④也;所乐者,身安厚味美服好色音声也;所下者,贫贱夭⑤恶也;所苦者,身不得安逸,口不得厚味,形⑥不得美服,目不得好色,耳不得音声。若不得者,则大忧以惧,其为形也亦愚哉!

　　夫富者,苦身疾作⑦,多积财而不得尽用,其为形也亦外矣⑧。夫贵者,夜以继日,思虑善否,其为形也亦疏矣。人之生也,与忧俱生,寿者惛惛⑨,久忧不死,何苦也!其为形也亦远矣!烈士为天下见善矣,未足以活身。吾未知善之诚善邪?诚不善邪?若以为善矣,不足活身;以为不善矣,足以活人⑩。故曰:"忠谏不听,蹲循⑪勿争。"故夫子胥争之,以残其形;不争,名亦不成。诚有善无有哉?

　　今俗之所为与其所乐,吾又未知乐之果乐邪?果不乐邪?吾观夫俗之所乐,举群趣⑫者,诋诋⑬然如将不得已⑭,而皆曰乐者,吾未之乐也,亦未之不乐也。果有乐无有哉?吾以无为诚乐矣,又俗之所大苦也。故曰:"至乐无乐,至誉无誉。"

——选自《庄子》,庄周著,民主与建设出版社,2018,第217页。

难点注释

①至乐：最大的欢乐。

②活身：养活身命。

③奚：什么，为什么。

④善：善名。

⑤夭：夭折。

⑥形：身体。

⑦疾作：勤勉劳动。

⑧外矣："内矣"反义词。下文"疏矣""远矣"，是"密矣""近矣"的反义词，都是违反常性的意思。

⑨惛惛（hūn）：不明白，糊涂。

⑩活人：救活他人。

⑪蹲循：逡巡，退却的意思。

⑫举群趣：形容一窝蜂地追逐。

⑬诇诇（kēng）：奔竞貌。

⑭已：停止。

古文今译

　　天下有没有最大的欢乐呢？有没有可以养身活命的方法呢？如果有，应做些什么？依据什么？回避什么？留意什么？从就什么？舍去什么？喜欢什么？厌恶什么？

　　世上的人们所尊崇的，就是富有、华贵、长寿、善名；所享乐的，就是安适的身体、丰盛的饭菜、华美的服饰、美好的颜色、悦耳的声音；所厌弃的，就是贫穷、卑贱、夭折、恶名；所苦恼的，就是身体不能得到安逸，口腹不能得到美味，外表不能得到华美的服饰，眼睛不能看到美好的颜色，耳朵不能听到动人的声音。如果得不到这些，就十分忧愁焦虑，这样来对待身心也太愚昧了！

　　富人，勤勉劳动，聚积很多钱财而不能全部享用，这样做与保养身心是背道而驰的。贵人，日以继夜，忧虑名声的好坏，这样做与保养身心也是背道而驰的。人的一生，和忧愁共存，长寿的人心中糊涂，长久地活在忧虑中，多么痛苦啊！这样与养护自己的身心也是背道而驰。烈士为天下人所称赞，却保不住自己的性命。我不知道这个行为是真正的好呢，还是实在不能算是好呢？如果说是好，却保不住自己的性命；如果说是不好，却救活了他人。所以说："忠诚的谏告如果不被听取，就退却，不必再争谏。"伍子胥因为争谏而遭残戮，但如果他不争谏，就不会成名。究竟有没有真正的好呢？

　　如今世俗所追求和引以为乐的，我不知道他们的这种乐果真是乐呢，还是不乐呢？我看世俗所乐的，人们一窝蜂地追逐，奔竞的样子好像无法停止，而人们都说这是乐，我不知道这算是乐，还是不乐。果真有乐还是没有呢？我以为清静无为是真正的乐，但这又是世俗之人所大感苦恼的。所以说："至极的乐在于'无乐'，最高的声誉在于'无誉'。"

作品解读

　　乐与忧、生与死，是亘古不变的话题。人生在世，什么是至极的乐呢？人应怎样对待生和死呢？作者在《至乐》一文中讨论并回答了这些问题。

　　本文节选了《至乐》的前半部分。文章开篇，作者连续用六个疑问句，然后逐一列举并批评了世人对苦和乐的态度。追逐富贵享乐，得不到就十分忧虑，作者认为这是愚蠢的。聚集钱财而不花用，日夜忧虑名声，明明长寿却还想要不死，作者认为这是不利于养生的。壮烈的名声与保全自己的性命无法共存时，作者认为没有完美的方法解决这个矛盾，并且劝人们学会退却。世人所追求的乐与作者所认为的乐也是不一致的，追求乐不应随波逐流，而要听从自己的内心。

作者认为，人生最大的乐在于无乐，也就是顺应自然，保持内心的平和、安宁，这也体现了作者"无为"的思想。

阅读故事

庄周梦蝶

从前有一天，庄周梦见自己变成了蝴蝶，一只翩翩起舞的蝴蝶。蝴蝶非常快乐，悠然自得，一会儿梦醒了，却是僵卧在床的庄周。不知是庄周做梦变成了蝴蝶呢，还是蝴蝶做梦变成了庄周呢？

这则寓言是表现庄子齐物思想的名篇，庄子认为人们如果能打破生死、物我的界限，则无往而不快乐。庄子运用浪漫的想象力和美妙的文笔，通过对梦中变化为蝴蝶和梦醒后蝴蝶复化为己的事件的描述与探讨，提出了人不可能确切地区分真实与虚幻和生死物化的观点。虽然故事极其短小，但却是庄子诗化哲学的代表，由于它饱含了浪漫的思想情感和丰富的人生哲学思考，引发后世众多文人骚客的共鸣，成了他们经常吟咏的题目。

诵读篇目二　归去来兮辞

诵读日期：_____

心得感悟：_____

作品档案

东晋安帝义熙元年(405年)，陶渊明弃官归田，作《归去来兮辞》。据《宋书·陶潜传》和萧统《陶渊明传》记载，陶渊明归隐是出于对腐朽现实的不满。当时郡里一位督邮来彭泽巡视，官员要陶渊明束带迎接以示敬意。陶渊明气愤地说："我不愿为五斗米折腰向乡里小儿！"即日挂冠去职，并赋《归去来兮辞》，以明心志。

原作诵读

归去来兮辞

[晋]陶渊明

余家贫，耕植不足以自给。幼稚盈室①，瓶无储粟，生生所资②，未见其术。亲故多劝余为长吏，脱然③有怀,求之靡途④。会有四方之事,诸侯以惠爱为德,家叔以余贫苦,遂见用于小邑。于时风波未静,心惮远役,彭泽去家百里,公田之利,足以为酒。故便求之。及少日,眷然⑤有归欤之情。何则?质性自然,非矫励所得。饥冻虽切,违己交病。尝从人事,皆口腹自役。于是怅然⑥慷慨,深愧平生之志。犹望一稔⑦,当敛裳⑧宵逝。寻程氏妹丧于武昌,情在骏奔,自免去职。仲秋至冬,在官八十余日。因事顺心,命篇曰《归去来兮》。乙巳岁十一月也。

归去来兮,田园将芜胡不归?既自以心为形役⑨,奚惆怅而独悲?悟已往之不谏⑩,知来者之可追⑪。实迷途其未远,觉今是而昨非。舟遥遥以轻飏⑫,风飘飘而吹衣。问征夫以前路,恨晨光之熹微⑬。

乃瞻衡宇,载欣载奔。僮仆欢迎,稚子候门。三径就荒,松菊犹存。携幼入室,有酒盈樽。引壶觞以自酌,眄⑭庭柯以怡颜。倚南窗以寄傲,审容膝之易安。园日涉以成趣,门虽设而常关。策扶老以流憩,时矫首而遐观。云无心以出岫,鸟倦飞而知还。景翳翳⑮以将入,抚孤松而盘桓。

归去来兮,请息交以绝游。世与我而相违,复驾言兮焉求?悦亲戚之情话,乐琴书以消忧。农人告余以春及,将有事于西畴。或命巾车,或棹⑯孤舟。既窈窕⑰以寻壑,亦崎岖而经丘。木欣欣以向荣,泉涓涓而始流。善万物之得时,感吾生之行休。

已矣乎!寓形宇内复几时?曷不委心任去留?胡为乎遑遑欲何之?富贵非吾愿,帝乡不可期。怀良辰以孤往,或植杖而耘耔。登东皋⑱以舒啸,临清流而赋诗。聊乘化以归尽,乐夫天命复奚疑!

——选自《古文鉴赏辞典》(第2版),汤克勤主编,崇文书局,2020,第180—181页。

❧ 难点注释 ❧

①幼稚盈室:幼稚,指孩童。盈,满。

②生生所资:生生,犹言维持生计。前一"生"字为动词,后一"生"字为名词。资,凭借。

③脱然:不经意的样子。

④靡途:没有门路。

⑤眷然:思恋的样子。

⑥怅然:失意。

⑦一稔(rěn):公田收获一次。稔,谷物成熟。

⑧敛裳:收拾行装。

⑨形役:为形体所役使。形,形体。役,奴役。

⑩谏:挽回。

⑪追:补救。

⑫舟遥遥以轻飏(yáng):船在水面上轻轻地飘荡着前进。遥遥,飘摇放流的样子。以,表修饰。飏,飞扬,形容船行驶轻快。

⑬熹微:天色微明。

⑭眄(miǎn):斜看。这里是"随便看看"的意思。

⑮翳翳:阴暗的样子。

⑯棹，本义船桨。这里名词做动词，意为划桨。

⑰窈窕，幽深曲折的样子。

⑱皋（gāo）：高地。

古文今译

我家境贫困，靠种田不能够自给。孩子很多，米瓮里没有存粮，维持生活所需的一切东西，找不到取得的办法。亲友大都劝我去做官，我心里也有这个念头，可是求取官职缺少门路。恰巧遇到出使到外地的大事，诸侯大臣都以广施惠爱作为美德，叔父也因为我家境贫苦（替我设法），我就被委任到小县做官。那时社会动荡不安，我心里也惧怕到远地当官。彭泽县离家只有百余里路程，公田收获的粮食，足够造酒饮用，故而就向叔父谋求这个官职。等到过了一些日子，很怀念家乡，便有归去的心愿。那是为什么？我本性任其自然，这是勉强不得的；饥寒虽然来得急迫，但是违背本意去做官，使我身心都感痛苦。过去为官做事，都是为了吃饭而役使自己。于是惆怅感慨，为平生的抱负未能实现而深感惭愧。只再等上一年，便收拾行装连夜离去。不久，嫁到程家的妹妹在武昌去世，去吊丧的心情像骏马奔驰一样急迫，自己请求免去官职。自立秋第二个月到冬天，在职共八十多天。因辞官而顺遂了心愿，写了一篇文章，题目叫《归去来兮》。这时候正是乙巳年（晋安帝义熙元年）十一月。

回家去吧！田园快要荒芜了，为什么不回去呢？既然自己使心为形体所役使，又何必怅惘而独自悲戚呢？我已明悟过去的错误已经不可挽回，未来的事还来得及补救。我确实走入了迷途，但还不算太远，已觉悟如今的做法是对的，而曾经的行为是错的。船在水面上轻轻地飘荡着前进，微风吹拂着衣裳，衣袂翩翩。向行人打听前面的路程，遗憾的是天刚刚放亮。

刚刚看到自己简陋的家门，心中欣喜，奔跑过去。家中童仆欢喜地前来迎接，孩子们守候在门前。院子里的小路快要荒芜了，松菊还长在那里。带着孩子们进了屋，美酒已经盛满了酒樽。我端起酒壶酒杯自斟自饮，看看院子里的树木，觉得很愉快；倚着南窗寄托我的傲世之情，深知这狭小之地容易使我心安。天天到园里行走，自成一种乐趣，小园的门经常地关闭着；拄着拐杖出去走走，随时随地休息，时时抬头望着远方（的天空）。云气自然而然地从山峰飘浮而出，倦飞的鸟儿也知道飞回巢中；日光暗淡，太阳快要落下去了，我手抚着孤松徘徊着不忍离去。

回家去吧！请让我同外界断绝交游。世事与我所想的相违背，还要驾车出去追求什么？以亲人间的知心话为愉悦，以弹琴读书为乐来消除忧愁；农夫告诉我春天到了，西边田野里要开始耕种了。有时驾着有布篷的小车，有时划着一条小船，有时经过幽深曲折的山谷，有时走过高低不平的山路。草木茂盛，细水缓流，（我）羡慕自然界的万物一到春天便及时生长茂盛，感叹自己的一生行将结束。

算了吧！活在世上还能有多久？为什么不随心所欲，听凭自然的生死？为什么心神不定，想要到哪里去？富贵不是我所求，修成神仙是没有希望的。爱惜那良辰美景我独自去欣赏，有时放下手杖，拿起农具除草培土；登上东边的山坡我放声呼啸，傍着清清的溪流把诗歌吟唱。姑且顺随自然的变化，走到生命的尽头。乐天安命，还有什么可疑虑的呢？

作品解读

这篇文章是作者脱离仕途回归田园的宣言。全文叙述了作者辞官归隐后的生活情趣和内心感受，表现了他对官场的认识以及对人生的思索，表达了他洁身自好、不随世俗的精神情操。文章通过描写具体的景物和活动，创造出一种宁静恬适、乐天自然的意境，寄托了作者的生活理想。

阅读故事

不为五斗米折腰

　　义熙元年(405年),已过"不惑之年"(41岁)的陶渊明在朋友的劝说下,再次出任彭泽县令。到任八十一天,碰到浔阳郡派遣督邮来检查公务,浔阳郡的督邮刘云,以凶狠贪婪闻名远近,每年两次以巡视为名向辖县索要贿赂,每次都是满载而归,否则栽赃陷害。县吏说:"当束带迎之。"就是应当穿戴整齐、备好礼品、恭恭敬敬地去迎接督邮,陶渊明叹道:"我岂能为五斗米向乡里小儿折腰。"意思是我怎能为了县令的五斗薪俸,就低声下气去向这些小人贿赂献殷勤。说完,挂冠而去,辞官归乡。此后,他一面读书为文,一面归耕田园。

诵读篇目三　将进酒

诵读日期：_____

心得感悟：_____

_____

作者档案

　　李白(701—762),字太白,号青莲居士。唐朝伟大的浪漫主义诗人。其诗风雄奇豪放,想象丰富,语言流转自然,音律和谐多变,所作诗赋享有极为崇高的地位,后世誉为"诗仙",与"诗圣"杜甫并称"李杜"。有《李太白集》传世。

原作诵读

将①进酒

〔唐〕李白

君不见黄河之水天上来,奔流到海不复回。

君不见高堂明镜悲白发,朝如青丝②暮成雪③。

人生得意须尽欢,莫使金樽空对月。

天生我材必有用,千金散尽还复来。

烹羊宰牛且为乐,会须④一饮三百杯。

岑夫子⑤,丹丘生⑥,将进酒,杯莫停⑦。

与君歌一曲，请君为我倾耳听。

钟鼓馔玉⑧不足贵，但愿长醉不复醒。

古来圣贤皆寂寞，惟有饮者留其名。

陈王昔时宴平乐⑨，斗酒十千恣欢谑。

主人何为言少钱，径须⑩沽取对君酌。

五花马，千金裘，呼儿将出换美酒，与尔同销万古愁。

——选自《诗词文曲鉴赏·唐诗》，上海辞书出版社文学鉴赏辞典编纂中心编，

上海辞书出版社，2020，第62页。

难点注释

①将：愿，请。

②青丝：指黑发。

③雪：指白发。

④会须：正应当。

⑤岑（cén）夫子：指岑勋，李白之友。

⑥丹丘生：元丹丘，李白好友。

⑦杯莫停：又作"君莫停"。

⑧钟鼓馔（zhuàn）玉：泛指豪门贵族的奢华生活。钟鼓，指富贵人家宴会时用的乐器。馔玉：精美的饭食。

⑨陈王：指三国时陈思王曹植。平乐：平乐观，宫殿名，在洛阳西门外。

⑩径须：只管，尽管。

古文今译

你难道没有看见，汹涌奔腾的黄河之水，有如从天上倾泻而来？它滚滚东去，奔向东海，永远不会回还。在高堂的明镜里看见自己的头发由黑变白，不觉悲从中来。早晨还是满头青丝，傍晚却变得如雪一般。因此，人生在世每逢得意之时，理应尽情欢乐，切莫让金杯空对皎洁的明月。既然老天造就了我这栋梁之材，就一定会有用武之地，即使散尽了千两黄金，也会重新得到。烹羊宰牛姑且尽情享乐，今日相逢，我们痛饮三百杯也不为多！岑夫子、丹丘生，请快喝不要停，我为你们唱一首歌，请你们侧耳为我细细听。那些豪门贵族的富贵生活没有什么了不起的，但愿永远沉醉不愿清醒。自古以来那些圣贤无不感到孤独寂寞，唯有寄情美酒的人才能留下美名。陈王曹植过去曾在平乐观大摆酒宴，即使一斗酒价值十千也在所不惜，恣意畅饮。主人啊，你为什么说钱已经不多，只管买酒来让我们一起喝个够。那些名贵的五花马、昂贵的千金裘，把你的小儿喊出来，都让他拿去换美酒来吧，让我们一起来消除这无穷无尽的万古长愁！

作品解读

《将进酒》原是汉乐府短箫铙歌的曲调，标题的意思为"劝酒歌"，李白"借题发挥"，提笔写成一首劝酒诗。全诗气势豪迈，感情豪放，言语流畅，具有极强的感染力，体现了李白自信热情、洒脱豪放的性格。

诵读篇目四 登飞来峰

诵读日期: _____

心得感悟: _____
_____

❀ 作品档案 ❀

飞来峰在杭州西湖灵隐寺附近。宋仁宗皇祐二年(1050年)夏天,30岁的王安石在浙江鄞县(现浙江宁波)做知县,任满以后回江西临川故乡,路过杭州的时候,写了这首诗。

❀ 原作诵读 ❀

登飞来峰

〔宋〕王安石

飞来峰①上千寻②塔,闻说鸡鸣见日升。

不畏③浮云④遮望眼,自缘⑤身在最高层⑥。

——选自《宋诗选》,刘永生编,天津古籍出版社,1997,第84页。

❀ 难点注释 ❀

①飞来峰:即浙江绍兴城外的宝林山。唐宋时,其上有应天塔,俗称塔山。古代传说此山自琅琊郡东武县(今山东诸城)飞来,故名。

②千寻:极言塔高。古以八尺为一寻,形容高。

③不畏:不怕。

④浮云:暗喻奸佞的小人。

⑤缘:因为。

⑥最高层:最高处。

❀ 古文今译 ❀

飞来峰顶有座高耸入云的塔,听说鸡鸣时分就可以看见旭日升起。

我不害怕层层浮云遮住我远眺的视野,只因为我身处最高处,登高望远心胸宽广。

❀ 作品解读 ❀

《登飞来峰》是一首七言绝句。诗的第一句写峰上古塔之高,是为言明自己的立足点之高。第二句巧妙地虚写在高塔上看到旭日东升的辉煌景象,表现了诗人朝气蓬勃和对前途充满信心。诗的后两句承接前两句写景议论抒情,使诗歌既有生动的形象又有深刻的哲理。古人常有浮云蔽日、邪臣蔽贤的忧虑,而诗人却在之前使用"不畏"二字,表现其在政治上高瞻远瞩、不畏奸邪的勇气和决心。

诵读篇目五　定风波·莫听穿林打叶声

诵读日期: _____

心得感悟: _____

作者档案

苏轼(1037—1101),字子瞻、和仲,号东坡居士,世称"苏东坡",眉州眉山(四川眉山)人,北宋著名文学家、书法家、画家。苏轼是北宋中期文坛领袖,其诗题材广阔,清新豪健,与黄庭坚并称"苏黄";其词开豪放一派,与辛弃疾同是豪放派代表,并称"苏辛",为"唐宋八大家"之一。作品有《东坡七集》《东坡易传》《东坡乐府》《潇湘竹石图》《枯木怪石图》等。

原作诵读

定风波·莫听穿林打叶声

〔宋〕苏轼

三月七日沙湖道中遇雨。雨具先去,同行皆狼狈①,余独不觉。已而②遂晴,故作此。

莫听穿林打叶声,何妨吟啸且徐行。竹杖芒鞋③轻胜马,谁怕? 一蓑④烟雨任平生。

料峭⑤春风吹酒醒,微冷,山头斜照⑥却相迎。回首向来⑦萧瑟处,归去,也无风雨也无晴。

——选自《诗词文曲鉴赏·宋词》,上海辞书出版社文学鉴赏辞典编纂中心编,

上海辞书出版社,2020,第81页。

难点注释

①狼狈:进退皆难的困顿窘迫之状。

②已而:过了一会儿。

③芒鞋:草鞋。

④蓑(suō):蓑衣,用棕制成的雨披。

⑤料峭:微寒的样子。

⑥斜照:偏西的阳光。
⑦向来:方才。

❀古文今译❀

宋神宗元丰五年(1082年)的三月七日,在沙湖道上赶上了下雨,有人带着雨具先走了,同行的人都觉得很狼狈,只有我不这么觉得。过了一会儿天晴了,就作了这首词。

不用在意那穿林打叶的雨声,不妨放开喉咙吟咏长啸从容而行。拄竹杖、穿草鞋,轻捷得更胜过骑马,怕什么! 一身蓑衣任凭风吹雨打,照样过我的一生!

春风微凉吹醒我的酒意,微微有些冷,山头初晴的斜阳却应时相迎。回头望一眼走过来的风雨萧瑟的地方,我信步归去,不管它是风雨还是放晴。

❖作品解读❖

本首词是作者被贬至黄州的第三年所作。词中通过野外途中偶遇风雨这一生活中的小事映射出一位正直文人在坎坷人生中力求解脱之道。词人借雨中潇洒徐行的举动,表现了其虽处逆境、屡遭挫折仍不畏惧、不颓丧的倔强性格和旷达胸怀,表达了其乐观旷达的生活态度。

美 文 赏 读

赏读篇目一　假如生活欺骗了你

赏读日期:＿＿＿＿＿＿＿＿＿＿＿＿＿＿＿＿

心得感悟:＿＿

❖作者档案❖

普希金(1799—1837),俄国伟大的诗人、小说家,19世纪俄国浪漫主义文学主要代表人物,同时也是现实主义文学的奠基人,现代标准俄语的创始人,被誉为"俄国文学之父""俄国诗歌的太阳",被认为是俄罗斯文学语言的创建者和俄罗斯近代文学的奠基人。普希金还被高尔基誉为"一切开端的开端"。

《原文赏读》

假如生活欺骗了你

〔俄〕普希金

假如生活欺骗了你，

不要悲伤，不要生气！

忧郁的日子里要沉住气：

相信吧，快乐的日子就将来临！

心里憧憬着未来；

而现实总是忧郁：

一切都是瞬息，一切都会过去，

而逝去的将会是美好的回忆。

——选自《普希金抒情短诗集》，普希金著，桑卓译，四川文艺出版社，2013，第91页。

作品解读

《假如生活欺骗了你》是俄国诗人普希金于1825年流放南俄敖德萨同当地总督发生冲突后，被押送到其父亲的领地米哈伊洛夫斯科耶村幽禁期间创作的一首诗歌。这首诗以劝告的口吻和平等的语气娓娓道来，语调亲密和婉，热诚坦率；诗句清新流畅，热烈深沉，有丰富的人情味和哲理意味，表达了诗人真诚博大的情怀和坚强乐观的思想情怀。全文表述了一种积极乐观且坚强的人生态度，成为许多人激励自己勇往直前、永不放弃的座右铭。

赏读篇目二　热爱生命

赏读日期：_____

心得感悟：_____

_____

作者档案

汪国真（1956—2015），当代诗人，书画家。1982年毕业于暨南大学中文系，1985年起创作诗歌，20世纪90年代，其诗作掀起"汪国真热"。著有诗集《年轻的潮》《年轻的思绪》《热爱生命》《雨的随想》《我微笑着走向生活》《旅程》等。

《原文赏读》

热爱生命

汪国真

我不去想是否能够成功

既然选择了远方

便只顾风雨兼程

我不去想能否赢得爱情

既然钟情于玫瑰

就勇敢地吐露真诚

我不去想身后会不会袭来寒风冷雨

既然目标是地平线

留给世界的只能是背影

我不去想未来是平坦还是泥泞

只要热爱生命

一切，都在意料中

——选自《没有比脚更长的路，没有比人更高的山：汪国真诗歌自选集》，

汪国真著，山东文艺出版社，2020，第105页。

作品解读

这首诗以"成功""爱情""未来"等为意象进行分析和回答，表达出为何要热爱生命的哲理。表现了作者对生命、生活和一切有意义的事物的热爱以及对于生命的一种不屈服，不退缩，勇敢面对的精神。

阅读随感

热爱生命的最好方式就是行动起来！面对成功、爱情、目标和未来，行动就是最好的争取，行动方可到达成功的彼岸！

阅读故事

汪国真15岁初中毕业以后，没有去读高中，而是直接到了工厂当工人。他在工厂当了7年的"三班倒"工人，但是他不甘心这样做一辈子工人。恢复高考以后，22岁的他认真备战高考，如愿考进了暨南大学中文系。他热爱写作，并给报社投稿，刚开始很多报社都拒绝了他的投稿，但是他从不放弃自己对写作的热爱，一次一次地努力，最终取得了成功。

赏读篇目三　我很重要

赏读日期：＿＿＿＿＿＿＿＿＿＿＿＿＿＿＿＿＿

心得感悟：＿＿＿＿＿＿＿＿＿＿＿＿＿＿＿＿＿

＿＿＿＿＿＿＿＿＿＿＿＿＿＿＿＿＿＿＿＿＿＿＿

〖原文赏读〗

我很重要

毕淑敏

当我说出"我很重要"这句话的时候，颈项后面掠过一阵战栗。我知道这是把自己的额头裸露在号箭之下了，心灵极容易被别人的批判洞伤。许多年来，没有人敢在光天化日之下表示自己"很重要"。我们从小受到的教育都是——"我不重要"。

作为一名普通士兵，与辉煌的胜利相比，我不重要。

作为一个单薄的个体，与浑厚的集体相比，我不重要。

作为一位奉献型的女性，与整个家庭相比，我不重要。

作为随处可见的人的一分子，与宝贵的物质相比，我们不重要。

我们——简明扼要地说，就是每一个单独的"我"——到底重要还是不重要？

我是由无数星辰日月草木山川的精华汇聚而成的。只要计算一下我们一生吃进去多少谷物，饮下了多少清水，才凝聚成一具美轮美奂的躯体，我们一定会为那数字的庞大而惊讶。平日里，我们尚要珍惜一粒米、一叶菜，难道可以对亿万粒菽粟亿万滴甘露濡养出的万物之灵，掉以丝毫的轻心吗？

当我在博物馆里看到北京猿人窄小的额和前凸的吻时，我为人类原始时期的粗糙而黯然。他们精心打制出的石器，用今天的目光看来不过是极简单的玩具。如今很幼小的孩童，就能熟练地操纵语言，我们才意识到已经在进化之路上前进了多远。我们的头颅就是一部历史，无数祖先进步的痕迹储存于脑海深处。我们是一株亿万年苍老树干上最新萌发的绿叶，不单属于自身，更属于土地。人类的精神之火，是连绵不断的链条，作为精致的一环，我们否认了自身的重要，就是推卸了一种神圣的承诺。

回溯我们诞生的过程，两组生命基因的嵌合，更是充满了人所不能把握的偶然性。我们每一个个体，都是机遇的产物。

常常遥想，如果是另一个男人和另一个女人，就绝不会有今天的我……

即使是这一个男人和这一个女人，如果换了一个时辰相爱，也不会有此刻的我……

即使是这一个男人和这一个女人在这一个时辰，由于一片小小落叶或是清脆鸟啼的打搅，依然可能不会有如此的我……

一种令人怅然以至走入恐惧的想象，像雾霭一般不可避免地缓缓升起，模糊了我们的来路和去处，令人不得不断然打住思绪。

我们的生命，端坐于概率垒就的金字塔的顶端。面对大自然的鬼斧神工，我们还有权利和资格说"我不重要"吗？

对于我们的父母，我们永远是不可重复的孤本。无论他们有多少儿女，我们都是独特的一个。

假如我不存在了，他们就空留一份慈爱，在风中蛛丝般飘荡。

假如我生了病，他们的心就会皱缩成石块，无数次向上苍祈祷我的康复，甚至愿灾痛以十倍的烈度降临于他们自身，以换取我的平安。

我的每一滴成功，都如同经过放大镜，进入他们的瞳孔，摄入他们心底。

假如我们先他们而去，他们的白发会从日出垂到日暮，他们的泪水会使太平洋为之涨潮。面对这无法承载的亲情，我们还敢说"我不重要"吗？

我们的记忆，同自己的伴侣紧密地缠绕在一处，像两种混淆于一碟的颜色，已无法分开。你原先是黄，我原先是蓝，我们共同的颜色是绿，绿得生机勃勃，绿得苍翠欲滴。失去了妻子的男人，胸口就缺少了生死攸关的肋骨，心房裸露着，随着每一阵轻风滴血。失去了丈夫的女人，就是齐斩斩折断的琴弦，每一根都在雨夜长久地自鸣……

面对相濡以沫的同道，我们忍心说"我不重要"吗？

俯对我们的孩童，我们是至高至尊的唯一。我们是他们最初的宇宙，我们是深不可测的海洋。假如我们隐去，孩子就永失淳厚无双的血缘之爱，天倾东南，地陷西北，万劫不复。盘子破裂可以粘起，童年碎了，永不复原。伤口流血了，没有母亲的手为他包扎。面临抉择，没有父亲的智慧为他谋略……面对后代，我们有胆量说"我不重要"吗？

与朋友相处，多年的相知，使我们仅凭一个微蹙的眉尖、一次睫毛的抖动，就可以明了对方的心情。假如我不在了，就像计算机丢失了一份不曾复制的文件，他的记忆库里留下不可填补的黑洞。夜深人静时，手指在撳了几个电话键码后，骤然停住，那一串数字再也用不着默诵了。逢年过节时，她写下一沓沓的贺卡。轮到我的地址时，她闭上眼……许久之后，她将一张没有地址只有姓名的贺卡填好，在无人的风口将它焚化。

相交多年的密友，就如同沙漠中的古陶，摔碎一件就少一件，再也找不到一模一样的成品。面对这般友情，我们还好意思说"我不重要"吗？

我很重要。

我对于我的工作我的事业，是不可或缺的主宰。我的独出心裁的创意，像鸽群一般在天空翱翔，只有我才捉得住它们的羽毛。我的设想像珍珠一般散落在海滩上，等待着我把它用金线串起。我的意志向前延伸，直到地平线消失的远方……没有人能替代我，就像我不能替代别人。

我很重要。

我对自己小声说。我还不习惯嘹亮地宣布这一主张，我们在不重要中生活得太久了。

我很重要。

我重复了一遍。声音放大了一点。我听到自己的心脏在这种呼唤中猛烈地跳动。

我很重要。

我终于大声地对世界这样宣布。片刻之后，我听到山岳和江海传来回声。

是的，我很重要。我们每一个人都应该有勇气这样说。我们的地位可能很卑微，我们的身份可能很渺小，但这丝毫不意味着我们不重要。

重要并不是伟大的同义词，它是心灵对生命的允诺。

人们常常从成就事业的角度，断定我们是否重要。但我要说，只要我们在时刻努力着，为光明在奋斗着，我们就是无比重要地生活着。

让我们昂起头，对着我们这颗美丽的星球上无数的生灵，响亮地宣布——

我很重要。

——选自《我的五样》，毕淑敏著，作家出版社，2016，第8—11页。

作品解读

"雪域之子"毕淑敏，有一种把对于人的关怀、热情与悲悯化为冷静处方的，集道德、文学、科学于一体的思维方式。"祥和与理性的统一"是毕淑敏特有的笔触。读毕淑敏的文章，可以感受到一种关怀，可以领悟到关于爱和人生的真谛，可以畅游在冷静、雅致而又充满哲理的语言世界里。

我们从小受到的教育都是"我不重要"。所以文章开始，作者就连用四个句子来解释为什么"我不重要"，因为相对整体来说，"我"确实渺小！其实这是忽视个体尊严和个体价值的教育理念。那么相对于个体来说，"我"是否重要呢？接着作者从多方面列举了"我很重要"的理由：对父母、爱人、子女、友人、事业来说，"我"都是不可或缺的，都是别人无法取代的。所以"我很重要"！这就是作家毕淑敏对生命的解读。是的，我们每个人都很重要，明白这个道理，我们就该勇敢地承担起生命赋予我们的责任，为自己、为爱你的和你爱的人们去奋斗、去努力，去创造平凡却精彩的人生！这样我们才能昂起头，"对着我们这颗美丽的星球上无数的生灵，响亮地宣布——我很重要"。我们应该有这份勇气，能大声地说出"我很重要"，因为这是心灵对生命的一种庄严的承诺。

其实，每个人在世上活着也不过几十年的光景，为何不珍惜这几十年的光阴，时刻努力着，为光明奋斗着，让自己的生命绽放出应有的光彩呢？

名句荟萃

1.老骥伏枥，志在千里；烈士暮年，壮心不已。　　　　　　　　　　　　——曹操

2.长风破浪会有时，直挂云帆济沧海。　　　　　　　　　　　　　　　　——李白

3.好风凭借力，送我上青云。　　　　　　　　　　　　　　　　　　　　——曹雪芹

4.我劝天公重抖擞，不拘一格降人才。　　　　　　　　　　　　　　　　——龚自珍

5.莫道桑榆晚，为霞尚满天。　　　　　　　　　　　　　　　　　　　　——刘禹锡

6.有志不在年高，无志空活百岁。　　　　　　　　　　　　　　　　　　——石成金

7.冲天香阵透长安，满城尽带黄金甲。　　　　　　　　　　　　　　　　——黄巢

8.今朝有酒今朝醉，明日愁来明日愁。　　　　　　　　　　　　　　　　——罗隐

9.山重水复疑无路，柳暗花明又一村。　　　　　　　　　　　　　　　　——陆游

10.莫愁前路无知己,天下谁人不识君。　　　　　　　　　　　　　　　　——高适

11.沉舟侧畔千帆过,病树前头万木春。　　　　　　　　　　　　　　　　——刘禹锡

12.安能摧眉折腰事权贵,使我不得开心颜。　　　　　　　　　　　　　　——李白

13.大鹏一日同风起,扶摇直上九万里。　　　　　　　　　　　　　　　　——李白

14.仰天大笑出门去,我辈岂是蓬蒿人。　　　　　　　　　　　　　　　　——李白

15.白日放歌须纵酒,青春作伴好还乡。　　　　　　　　　　　　　　　　——杜甫

16.世间行乐亦如此,古来万事东流水。　　　　　　　　　　　　　　　　——李白

17.谁道人生无再少?门前流水尚能西!休将白发唱黄鸡!　　　　　　　　——苏轼

18.休对故人思故国,且将新火试新茶。诗酒趁年华。　　　　　　　　　　——苏轼

19.真正的乐观主义的人是用积极的精神向前奋斗的人,是战胜愁虑穷苦的人。　——邹韬奋

20.希望是厄运的忠实的姐妹。　　　　　　　　　　　　　　　　　　　　——普希金

21.生活的理想,就是为了理想的生活。　　　　　　　　　　　　　　　　——张闻天

22.过去属于死神,未来属于你自己。　　　　　　　　　　　　　　　　　——雪莱

23.冬天来了,春天还会远吗?　　　　　　　　　　　　　　　　　　　　——雪莱

24.乐观的人永葆青春。　　　　　　　　　　　　　　　　　　　　　　　——拜伦

25.我能够在年富力强的时候,去寻求低下和没落的生活吗?我能够在晚年渐近的时候,目标转向享乐和名利吗?　　　　　　　　　　　　　　　　　　　　　　　　　——琴纳

26.我可以拿走人的任何东西,但有一样东西不行,这就是在特定环境下选择自己的生活态度的自由。
　　　　　　　　　　　　　　　　　　　　　　　　　　　　　　　　　——弗兰克

27.快乐是一种奢侈。若要品尝它,绝不可缺的条件是心无不安。心若不安——即使稍受威胁,快乐就立刻烟消云散。　　　　　　　　　　　　　　　　　　　　　　　　——司汤达

28.我越来越相信,创造美好的代价是:努力、失望以及毅力。首先是疼痛,然后才是欢乐。　——梵高

29.我相信,如果怀着愉快的心情谈起悲伤的事情,悲伤就会烟消云散。　——高尔基

30.内心的欢乐是一个人过着健全的、正常的、和谐的生活所感到的喜悦。　——罗曼·罗兰

31.人最可贵之处在于看透生活的本质后,依然热爱生活。　　　　　　　——罗曼·罗兰

32.真实的、永恒的、最高级的快乐,只能从三样东西中取得:工作、自我克制和爱。——罗曼·罗兰

33.生活的美妙就在于它的丰富多彩,要使生活变得有趣,就不断地充实它。　——高尔基

34.一切的和谐与平衡,健康与健美,成功与幸福,都是由乐观与希望的向上心理产生与造成的。
　　　　　　　　　　　　　　　　　　　　　　　　　　　　　　　　　——华盛顿

📎单元寄语

　　积极乐观的心态可以让人们更加相信未来、热爱生活、勇于挑战。世界上并没有真正的绝境,所谓"山重水复疑无路,柳暗花明又一村",只要站在正确的角度上看待问题,就能找到解决问题的方法。只要摆正心态面对人生,就会给人生带来更多的惊喜。哪怕是真的处于相对的绝境之中,只要能够积极地解决问题,那么就能够打破绝境,从而为自己找到人生的出路。面对人生中的种种挑战,中职生要相信自己,用积极乐观的心态驱散迷雾阴霾,迎接属于自己的曙光!

主题单元八

自强不息——咬定青山不放松

单元导语

　　文王拘而演《周易》；仲尼厄而作《春秋》；屈原放逐，乃赋《离骚》；左丘失明，厥有《国语》；孙子膑脚，《兵法》修列……许多往哲先贤，身遭厄运而矢志不渝，终于成就了不朽之业。让我们从前人身上汲取自我激励的力量，让我们借苍劲有力的文字熔铸我们的灵魂，如松竹般"咬定青山不放松"，像曼德拉一样永远高唱"我是命运的主宰，我是灵魂的统帅"，走向更高的人生境界！

经 典 诵 读

诵读篇目一　易传·上经（节选）

诵读日期：_____

心得感悟：_____
　　　　　_____

作品档案

《易传》是从不同的角度对《易经》进行解释和发挥的一组论文集，是古代一部诠释《易经》的经典哲学伦理著作。包括《文言传》、《彖传》上下篇、《象传》上下篇、《系辞传》上下篇、《说卦传》、《序卦传》和《杂卦传》，计七种十篇，又称"十翼"。《易传》的作者，旧说为孔子，现多认为非一人所作，而是由多人创作的。《象传》上下两篇合称为《象》。

原作诵读

易传·上经（节选）

象曰：天行健，君子以自强不息。

象曰：地势坤，君子以厚德载物。

——选自《周易注校释》，王弼撰，楼宇烈校释，中华书局，2012，第 1、12 页。

古文今译

《象传》说："天体（即自然）的运动刚强、劲健，君子处事也应像天体一样运行不息。"

《象传》说："大地的气势厚实、和顺，君子的度量应像大地一样，容载万物。"

作品解读

"天行健，君子以自强不息。""地势坤，君子以厚德载物。"这既是中华民族先祖对世界的认识，也是中华民族精神的写照。正是因为自强不息，中华民族才能够屹立在世界之林，生生不息。自强是指自己努力向上，永不懈怠。凡是有志气、有道德、有本领的人必然是自强不息的人。

诵读篇目二 道德经(节选)

诵读日期：_____

心得感悟：_____

_____

《原作诵读》

道德经(节选)

知人者智,自知者明。胜人者有力,自胜者强①。知足者富,强行②者有志,不失其所者久,死而不亡③者寿。

——选自《老子道德经注》,王弼注,楼宇烈校释,中华书局,2011,第87页。

难点注释

①强：在老子的意识中,强的意思是守住柔弱,不使自己走向反面。

②强行：努力不懈。

③死而不亡：身体虽然已经死亡,但其精神依然影响着世人。亡,忘掉、遗忘。

古文今译

了解别人的人聪明,了解自己的人圣明。能战胜他人的叫有力量,能战胜自己的才算刚强。能够知道满足的就是有财富,能够坚持力行的就是有志气,不丧失立身之本的就能长久,身死而不被遗忘的才算长寿。

作品解读

本文选自《道德经》第三十三章。老子的人生哲学强调人的自我修养,其中尤其注重人对内心世界的自我省察。通过对自己内心世界的审视,找到自然本来的自我面貌,从而努力保持与自然发展规律的和谐一致,与世推移。在老子看来,人应知人,更应自知。人应该不断战胜自我,同时,应该在物质生活上保持知足常乐的心态。这里所谓的"死而不亡者寿",和我们今天所说的"身死而名不朽"同义。《春秋》中提到,人有三不朽,立德、立言、立功,都可以使人"死而不亡"。现代诗人说："有的人活着,他已经死了;有的人死了,他还活着。"这些都与老子的思想相呼应,都在探讨人的生命意义和永恒价值。

诵读篇目三　苔

诵读日期：_____

心得感悟：_____

_____

作者档案

袁枚(1716—1798)，字子才，号简斋，晚年自号仓山居士、随园主人，浙江钱塘(今杭州)人，清代文学家。乾隆进士，历任溧(lì)水、江宁、江浦、沭(shù)阳知县。辞官后侨居江宁，筑园林于小仓山。其诗多写"自得之性情"，以新颖灵巧见长而独具个性。与赵翼、蒋士铨并称"乾隆三大家"。又善文，骈散兼工，也能作小说。著作宏富，有《小仓山房集》《随园诗话》《子不语》等。

原作诵读

苔①

[清]袁枚

白日②不到处，青春③恰自来。

苔花④如米小，也学牡丹开。

——选自《袁枚诗选》，周舸岷选注，浙江古籍出版社，1989，第132页。

难点注释

①苔：青苔，也指苔类植物。

②白日：指阳光。

③青春：春季。此处指春天带来的生机。

④苔花：苔藓植物不会开花，依靠孢子进行繁殖。这里苔花或指苔藓的孢蒴(shuò)，即苔藓植物孢子体顶端产生孢子的膨大部分。

古文今译

春天和煦的阳光照不到的背阴处，生命照常在萌动，苔藓仍旧长出绿意来。苔花虽如米粒般微小，依然像那高贵的牡丹一样热烈绽放。

作品解读

这是一首咏物诗，寄寓了作者的志向和意趣。诗的前两句以环境条件的恶劣衬托苔的自强。苔生长的地方阴暗潮湿,不见阳光,但是它依然顽强生长,充满生机。诗的后两句描绘了苔花形小而志不小的形象,虽然苔花小如米粒,极不起眼,根本无法与国色天香的牡丹相提并论,但是它并不因此自暴自弃,依然执着地绽放出属于自己的色彩。

这首诗赞扬了苔花虽处在恶劣的环境下,却不甘平庸、奋发向上的美好品质,这也是作者想要表达的人生态度。

诵读篇目四　竹石

诵读日期:＿＿＿＿＿＿＿＿＿＿＿＿＿＿

心得感悟:＿＿＿＿＿＿＿＿＿＿＿＿＿＿＿＿

作者档案

郑燮(1693—1765),字克柔,号板桥,兴化(今江苏兴化)人,清代著名书画家、文学家。其诗、书、画均旷世独立,世称"三绝",擅画兰、竹、石、松、菊等。著有《板桥全集》。

原作诵读

竹石①

〔清〕郑燮

咬定②青山不放松,立根原在破岩中。

千磨万击还坚劲,任尔东西南北风。

——选自《郑板桥集》,吴泽顺编注,岳麓书社,2002,第 111 页。

难点注释

①竹石:扎根在石缝中的竹子。

②咬定:比喻根扎得结实,像咬着青山不松口一样。

古文今译

竹子抓住青山一点也不放松,它的根牢牢地扎在岩石缝中。

经历无数磨难和打击身骨仍坚劲,不管刮酷暑的东南风,还是严冬的西北风,它都经受得住。

作品解读

《竹石》是一首寓意深刻的题画诗。诗的前两句说竹子扎根破岩中,基础牢固。后两句说任凭各方来的风猛刮,竹子受到多大的击打,仍然坚定强劲。作者在赞美竹石这种坚定顽强精神中,隐寓了自己风骨的强劲。"千磨万击还坚劲,任尔东西南北风"常被用来形容革命者在斗争中的坚定立场和受到敌人打击时绝不动摇的品格。

诵读篇目五　浪淘沙九首·其八

诵读日期:＿＿＿＿＿＿＿＿＿＿＿＿＿＿＿＿

心得感悟:＿＿＿＿＿＿＿＿＿＿＿＿＿＿＿＿

＿＿＿＿＿＿＿＿＿＿＿＿＿＿＿＿＿＿＿＿＿＿

作品档案

唐朝自安史之乱后,气势顿衰。藩镇割据,宦官专权。才人被外放,愤激之际,怨刺之作应运而生。刘禹锡从京官调为地方官之后亦有流芳之作,如《浪淘沙九首》。此组诗当为刘禹锡后期之作,且非创作于一时一地。据诗中所涉黄河、洛水、汴水、清淮、鹦鹉洲、濯锦江等,或为辗转于夔州、和州、洛阳等地之作,后编为一组。有学者认为这组诗作于夔州后期,即长庆二年(822年)春在夔州贬所所作。本首诗是组诗中的第八首。

原作诵读

浪淘沙九首①·其八

[唐]刘禹锡

莫道谗言如浪深,莫言迁客②似沙沉。

千淘万漉虽辛苦,吹尽狂沙始到金③。

——选自《刘禹锡集》,赵娟、姜剑云解评,山西古籍出版社,2004,第91页。

难点注释

①浪淘沙:唐代教坊曲名,创自刘禹锡。后也用为词牌名。

②迁客:指被贬职调往边远地区的官。

③千淘万漉虽辛苦,吹尽狂沙始到金:比喻清白正直的人虽然一时被小人陷害,历尽辛苦之后,他的价值还是会被发现的。淘、漉:过滤。

古文今译

不要说流言蜚语如同凶恶的浪涛一样令人恐惧,也不要说被贬职的人好像泥沙一样永远颓废沉迷。淘金要经过千遍万遍的过滤,要历尽千辛万苦,最终才能淘尽泥沙,得到闪闪发光的黄金。

作品解读

刘禹锡曾屡遭贬谪,历尽坎坷,但斗志不衰,胸怀旷达。他坚信正义必定战胜邪恶,是金子迟早是会发光的。这首诗反映了作者历尽无数磨难方显英雄本色的乐观信念和豪迈情怀。

诵读篇目六　孟子·告子下(节选)

诵读日期:＿＿＿＿＿＿＿＿＿＿

心得感悟:＿＿＿＿＿＿＿＿＿＿
　　　　　＿＿＿＿＿＿＿＿＿＿

作者档案

孟子主张行"仁政"以统一天下,其言论和行动的记载保存在《孟子》一书中。其文气势充沛,逻辑严谨,尤长于譬喻,用形象化的事物与语言,说明复杂的道理。此书不仅是儒家的重要学术著作,也是我国古代极富特色的散文专集。

原作诵读

孟子·告子下(节选)

孟子曰:"舜发①于畎亩②之中,傅说举③于版筑之间,胶鬲④举于鱼盐之中,管夷吾举于士⑤,孙叔敖举于海,百里奚举于市。故天将降大任于是人也,必先苦其心志,劳其筋骨,饿其体肤,空乏⑥其身,行拂乱⑦其所为,所以动心忍性,曾益⑧其所不能。

人恒过,然后能改;困于心,衡于虑⑨,而后作⑩;征于色⑪,发于声⑫,而后喻⑬。入则无法家⑭拂士⑮、出则无敌国外患者,国恒亡。然后知生于忧患,而死于安乐也。"

——选自《孟子正义》,焦循撰,沈文倬点校,中华书局,2017,第715—722页。

难点注释

①发:兴起,这里指被任用。

128

②畎(quǎn)亩：田亩，此处意为耕田。畎，田间水渠。

③举：被选拔。

④胶鬲(gé)：商纣王大臣，与微子、箕子、王子比干同称贤人。

⑤士：狱官。

⑥空乏：形容词的使动用法，使……穷困。

⑦拂乱：形容词的使动用法，使……颠倒错乱。拂，违背，不顺。乱，错乱。

⑧曾益：增加。曾，同"增"。

⑨衡于虑：思虑堵塞。衡，同"横"，梗塞，指不顺。

⑩作：奋起，指有所作为。

⑪征于色：表现在脸色上。征，征验，征兆。色，颜面，面色。

⑫发于声：流露在言谈中。

⑬而后喻：才能被人们了解。喻，知晓，明白。

⑭法家：有法度的世臣。

⑮拂(bì)士：辅佐君主的贤士。拂，同"弼"，辅佐。

古文今译

舜从田野耕作之中被起用，傅说从筑墙的劳作之中被起用，胶鬲从贩鱼卖盐中被起用，管夷吾是从狱官手里被释放并加以任用的，孙叔敖从海滨隐居的地方被起用，百里奚被从奴隶集市里赎买回来并被起用。所以上天将要下达重大使命给这样的人，一定要先使他的内心痛苦，筋骨劳累，体肤饿瘦，身受贫困之苦，使他做事不顺，(通过这些)来让他内心警觉，使他的性格坚定起来，以不断增长才干。

一个人常犯错误，然后才能改正；内心忧困，思绪阻塞，然后才能有所作为；(一个人的想法，只有)从脸色上显露出来，在吟咏叹息声中表现出来，然后才能为人们所了解。而一个国家，内部如果没有坚持法度和辅佐君王的贤士，外部没有敌国外患，就会导致这个国家灭亡。这样，人们才会明白，忧患可以使人谋求生存，而安乐必将使人怠惰，最终走向灭亡。

作品解读

孟子以舜、傅说等古代圣贤在困境中振作精神、奋发努力才终有所成的事例为引，说明人才是艰苦环境造就的。艰苦环境的磨炼，能使人性格坚韧、顽强，只有这样人才能担负重大的使命。

阅读故事

尧、舜、禹的传说

继远古时代华夏民族的共主黄帝之后，黄河流域又出现了三位德才兼备的部落联盟首领——尧、舜、禹。尧很节俭，他住在茅屋里，吃糙米饭，喝野菜汤，身上穿着麻布袄；舜品德高尚，他能以身作则，在历山耕田，历山的人不再争田界，互相谦让，他博得了百姓的普遍赞扬；禹受命去治水，用疏导的方法把水引入大海。禹一心治水，前后13年，风里来雨里去，三过家门而不入，终于止住洪水，使百姓过上了安宁的生活。禹在百姓心中威信很高，故称他为大禹。

美 文 赏 读

赏读篇目一 如果

赏读日期：_____

心得感悟：_____

_____

◎ 作者档案

拉迪亚德·吉卜林(1865—1936)，英国小说家、诗人，出生于印度孟买。曾担任拉合尔市《军民报》副编辑。由于工作关系，他游遍印度，对印度的风土人情及英国殖民者在印度的生活有相当透彻的了解。

《原文赏读》

如果

[英]拉迪亚德·吉卜林

如果所有的人失去理智，咒骂你，

而你仍头脑清醒；

如果所有的人怀疑你，

而你仍坚信自己，让所有的怀疑动摇；

如果你要等待，不因此而厌烦，

为人所骗，不因此而骗人，

为人所恨，不因此而抱恨，

不妄自尊大，不自以为是；

如果你是个追梦人——不被梦主宰；

如果你遇到骄傲和挫折，

把两者当骗子看待；

如果你能忍受，你曾讲过的事实

被恶棍扭曲，用于蒙骗傻子；

你用毕生守护的东西被毁坏，

然后俯身,用你疲惫的劳作把它修补;

如果在你赢得无数桂冠之后,

突遇巅峰下跌之险,

不抱怨你的失败,

坚信失败过后,东山再起;

如果你能迫使自己,

在别人走后,长久地坚守阵地,

除了意志告诉你"坚持"!

在你心中已空无一物;

如果你与人交谈,保持风度,

与伴行走,保持距离;

如果仇敌和好友都不伤害你;

如果所有的人都拥护你,却并非全心全意;

如果你花六十秒钟进行短程跑,

填满那不可饶恕的一分钟——

你就可以拥有一个世界,

一个一切都属于你的世界,

孩子,更重要的是:你是一个顶天立地的人

——选自《最经典的诗歌》,丁畅编著,吉林大学出版社,2010,第231—232页。

作品解读

　　通往成功的道路上总是布满荆棘。诗人在诗中展示了胜利背后经历的辛酸、磨难和痛楚。"天将降大任于是人也,必先苦其心志,劳其筋骨。"假如人们能正视胜利前的种种困难,并勇于接受挑战,即使失败了也毫无畏惧,从头再来。那样,便能成为一个顶天立地之人。

赏读篇目二　白杨礼赞

赏读日期:＿＿＿＿＿＿＿＿＿＿＿＿＿＿＿＿

心得感悟:＿＿＿＿＿＿＿＿＿＿＿＿＿＿＿＿

＿＿＿＿＿＿＿＿＿＿＿＿＿＿＿＿＿＿＿＿＿

作者档案

茅盾（1896—1981），原名沈德鸿，字雁冰，笔名茅盾、玄珠、方璧、止敬等，浙江桐乡人，中国现代著名作家、文学评论家、文化活动家及社会活动家。代表作品有《子夜》《霜叶红于二月花》《春蚕》《白杨礼赞》等。

1981年3月14日，茅盾自知病将不起，将稿费25万元人民币捐出，设立茅盾文学奖，以鼓励当代优秀长篇小说的创作。

原文赏读

白杨礼赞

茅盾

白杨树实在不是平凡的，我赞美白杨树！

当汽车在望不到边际的高原上奔驰，扑入你的视野的，是黄绿错综的一条大毡子；黄的，那是土，未开垦的处女土，几十万年前由伟大的自然力所堆积成功的黄土高原的外壳；绿的呢，是人类劳力战胜自然的成果，是麦田，和风吹送，翻起了一轮一轮的绿波——这时你会真心佩服昔人所造的两个字"麦浪"，若不是妙手偶得，便确是经过锤炼的语言的精华；黄与绿主宰着，无边无垠，坦荡如砥，这时如果不是宛若并肩的远山的连峰提醒了你（这些山峰凭你的肉眼来判断，就知道是在你脚底下的），你会忘记了汽车是在高原上行驶。这时你涌起来的感想也许是"雄壮"，也许是"伟大"，诸如此类的形容词；然而同时你的眼睛也许觉得有点倦怠，你对当前的"雄壮"或"伟大"闭了眼，而另一种的味儿在你心头潜滋暗长了——"单调"！可不是，单调，有一点儿吧。

然而刹那间，要是你猛抬眼看见了前面远远有一排——不，或者甚至只是三五株，一株，傲然地耸立，像哨兵似的树木的话，那你的恹恹欲睡的情绪又将如何？我那时是惊奇地叫了一声的！

那就是白杨树，西北极普通的一种树，然而实在不是平凡的一种树！

那是力争上游的一种树，笔直的干，笔直的枝。它的干呢，通常是丈把高，像是加以人工似的，一丈以内绝无旁枝；它所有的桠枝呢，一律向上，而且紧紧靠拢，也像是加以人工似的，成为一束，绝无横斜逸出；它的宽大的叶子也是片片向上，几乎没有斜生的，更不用说倒垂了；它的皮，光滑而有银色的晕圈，微微泛出淡青色。这是虽在北方的风雪的压迫下却保持着倔强挺立的一种树！哪怕只有碗来粗细罢，它却努力向上发展，高到丈许，两丈，参天耸立，不折不挠，对抗着西北风。

这就是白杨树，西北极普通的一种树，然而决不是平凡的树！

它没有婆娑的姿态，没有屈曲盘旋的虬枝。也许你要说它不美丽，——如果美是专指"婆娑"或"横斜逸出"之类而言，那么白杨树算不得树中的好女子；但是它却是伟岸，正直，朴质，严肃，也不缺乏温和，更不用提它的坚强不屈与挺拔，它是树中的伟丈夫！当你在积雪初融的高原上走过，看见平坦的大地上傲然挺立这么一株或一排白杨树，难道你就觉得树只是树，难道你就不想到它的朴质，严肃，坚强不屈，至少也象征了北方的农民；难道你竟一点也不联想到，在敌后的广大土地上，到处有坚强不屈，就像这白杨树一样傲然挺立的守卫他们家乡的哨兵！难道你又不更远一点想到这样枝枝叶叶靠紧团结，力求上进的白杨树，宛然象征了今天在华北平原纵横激荡用血写出新中国历史的那种精神和意志。

　　白杨不是平凡的树。它在西北极普遍，不被人重视，就跟北方农民相似；它有极强的生命力，磨折不了，压迫不倒，也跟北方的农民相似。我赞美白杨树，就因为它不但象征了北方的农民，尤其象征了今天我们民族解放斗争中所不可缺的朴质，坚强，以及力求上进的精神。

　　让那些看不起民众、贱视民众、顽固的倒退的人们去赞美那贵族化的楠木（那也是直干秀颀的），去鄙视这极常见、极易生长的白杨罢，但是我要高声赞美白杨树！

——选自《现代散文鉴赏辞典》，贾植芳主编，上海辞书出版社，2003，第238—239页。

作品解读

　　本文采用象征手法，通过对白杨树不平凡形象的赞美，歌颂了中国共产党领导下的抗日军民及其所代表的整个中华民族力求上进、坚强不屈的革命精神，赞美了自强不息的民族意志。

名句荟萃

1.岁寒，然后知松柏之后凋也。　　　　　　　　　　　　　　　　　　　——《论语·子罕》

2.有匪君子，如切如磋，如琢如磨。　　　　　　　　　　　　　　——《诗经·卫风·淇奥》

3.将相本无主，男儿当自强。　　　　　　　　　　　　　　　　　　　　　　——汪洙

4.不怨天，不尤人。　　　　　　　　　　　　　　　　　　　　　　　——《论语·宪问》

5.路漫漫其修远兮，吾将上下而求索。　　　　　　　　　　　　　　　　　　——屈原

6.能胜强敌者，先自胜者也。　　　　　　　　　　　　　　　　　　——《商君书·画策》

7.恃人不如自恃也。　　　　　　　　　　　　　　　　　　　　　　　　　——韩非子

8.自立自重，不可随人脚跟，学人言语。　　　　　　　　　　　　　　　　——陆九渊

9.宝剑锋从磨砺出，梅花香自苦寒来。　　　　　　　　　　　　　　　　——《警世贤文》

10.有志诚可乐，及时宜自强。　　　　　　　　　　　　　　　　　　　　——欧阳修

11.燕雀安知鸿鹄之志哉？　　　　　　　　　　　　　　　　　　——《史记·陈涉世家》

12.志当存高远。　　　　　　　　　　　　　　　　　　　　　　　　　　——诸葛亮

13.壮心未与年俱老，死去犹能作鬼雄。　　　　　　　　　　　　　　　　　——陆游

14.生当作人杰，死亦为鬼雄。　　　　　　　　　　　　　　　　　　　　——李清照

15.古之立大事者，不惟有超世之才，亦必有坚忍不拔之志。　　　　　　　　——苏轼

16.自敬，则人敬之；自慢，则人慢之。　　　　　　　　　　　　　　　　　——朱熹

17.与天地兮比寿，与日月兮齐光。　　　　　　　　　　　　　　　　　　　——屈原

18.穷且益坚，不坠青云之志。　　　　　　　　　　　　　　　　　　　　　——王勃

19.刑天舞干戚，猛志固常在。　　　　　　　　　　　　　　　　　　　　——陶渊明

20.有志者事竟成，破釜沉舟，百二秦关终属楚。　　　　　　　　——《史记·项羽本纪》

21.愿君学长松，慎勿作桃李。　　　　　　　　　　　　　　　　　　　　　——李白

22.吾志所向，一往无前，愈挫愈奋，再接再厉。　　　　　　　　　　　　——孙中山

23.我的最高原则是：不论对任何困难都决不屈服。　　　　　　　　　　——居里夫人

24.顽强这就是作家技能的秘密。　　　　　　　　　　　　　　　　　　——杰克·伦敦

25.一个人可以变成什么样的人,他就一定会变成什么样的人。这个需要,我们称之为自我实现。

——亚伯拉罕·马斯洛

26.有理想有出息的青年人必定是乐于吃苦的人。 ——雷锋

27.应付生活中各种问题的勇气,能说明一个人如何定义生活的意义。 ——阿尔弗雷德·阿德勒

28.有人帮你,是你的幸运;无人帮你,是公正的命运。没有人该为你做什么,因为生命是你自己的,你得为自己负责。 ——丰子恺

29.人的一生,贡献所作所为的意义和价值,比人们的预料更多地取决于心灵的生活。

——马丹·杜·加尔

单元寄语

自强不息最初是针对君子提出来的一种理想的人生态度,要求积极进取、奋发有为、永不停息。随着几千年的发展,"自强不息"精神早已融入中华民族大多数人的精神世界中,它激励人们前进,促进社会发展,成为民族精神的重要组成部分。中职生要传承和弘扬自强不息的民族精神,把人生道路上出现的各种艰难险阻当作是对自己的一种磨炼,在绝境面前永不气馁、绝不认输,努力成为"真君子"。

主题单元九

笃行致远——绝知此事要躬行

单元导语

奋楫笃行，臻于至善。任何事物都不是一蹴而就的，只有不断探索才能发现真理，达到前所未有的新境界。如果不用实践去探索和证实，则永远也不可能发现真理；如果不迈出行动的步伐，则所思所想只不过是一纸空谈。

笃行才能致远，所学所思所悟之后更要付诸实践、持之以恒，才会渐入佳境、止于至善。道阻且长，行则将至；行而不辍，未来可期。中职生要注重实践，不断提高自己的能力和素养，不断地实践、反思、总结，做到知行合一，才能不断地进步，最终达到自己的目标。

经 典 诵 读

诵读篇目一　论语（节选）

诵读日期：＿＿＿＿＿＿＿＿＿＿＿＿＿＿＿

心得感悟：＿＿＿＿＿＿＿＿＿＿＿＿＿＿＿

＿＿＿＿＿＿＿＿＿＿＿＿＿＿＿＿＿＿＿＿＿

《原作诵读》

论语·宪问（节选）

子曰："君子耻其言而过其行。"

论语·里仁（节选）

子曰："君子欲讷①于言而敏②于行。"

论语·述而（节选）

子曰："文，莫③吾犹人也。躬行君子，则吾未之有得。"

论语·为政（节选）

子贡问君子。子曰："先行，其言而后从之。"

——选自《论语集释》（全二册），程树德撰，程俊英、蒋见元点校，

中华书局，2013，第113、322、576、1161页。

《难点注释》

①讷：迟钝。这里指说话要谨慎。

②敏：敏捷、快速的意思。

③莫：大概，差不多。

《古文今译》

论语·宪问（节选）

孔子说："君子把说得多做得少视为可耻。"

论语·里仁(节选)

孔子说:"君子说话应该谨慎,而行动要敏捷。"

论语·述而(节选)

孔子说:"就书本上的学问来说,大概我同别人差不多。身体力行地去做一个君子,那我还没有达到。"

论语·为政(节选)

子贡问怎样才能做一个君子。孔子说:"对于你要说的话,先实行了,然后再说出来。"

作品解读

《论语》中不仅有大量关于哲学、政治、伦理道德的理论知识,还强调实践的重要性,认为只有将所学应用于实际,才能真正体现其价值。言行一致既是一种美德,也是君子的处事标准,如果言之凿凿,却不能付诸实践,徒有华丽的言辞,那也只是假道学罢了。

诵读篇目二 礼记·中庸(节选)

诵读日期:＿＿＿＿＿＿＿＿＿＿＿＿＿＿＿＿＿

心得感悟:＿＿＿＿＿＿＿＿＿＿＿＿＿＿＿＿＿

＿＿＿＿＿＿＿＿＿＿＿＿＿＿＿＿＿＿＿＿＿＿＿＿＿＿

作品档案

《中庸》是《礼记》的篇目之一,相传为战国时孔子之孙子思所作。《中庸》被朱熹列为"四书"之一,集中体现了儒家学派的政治主张、伦理思想、道德观念和教育原则等,是我国传统文化思想的源头,也是中国人的智慧宝库。

原作诵读

礼记·中庸(节选)

博学之①,审问之,慎思之,明辨之,笃②行之。有弗③学,学之弗能弗措也。有弗问,问之弗知弗措也;有弗思④,思之弗得弗措也;有弗辨⑤,辨之弗明弗措也;有弗行⑥,行之弗笃弗措⑦也。人一能之,己百之;人十能之,己千之。果能此道⑧矣,虽愚必明,虽柔必强。

——选自《礼记译解》,王文锦译解,中华书局,2016,第706页。

难点注释

①之：学的对象(各种知识)。

②笃：切实地，坚定地。

③弗：不，表示否定

④思：思考。

⑤辨：辨别。

⑥行：行动，做；实行。

⑦措：搁置，终止。

⑧道：方法。

古文今译

要广泛地学习各种知识，详尽地探究事物的原理，对自己所学的东西要谨慎思考，辨清是非，当获得了真理之后，就要坚决地去实践它。有的东西不学习也就罢了，学了，就一定要能掌握它，如果还不能掌握，那就不要停止学习；有的东西不问也就罢了，问就得问一个清楚，如果还没有弄清楚，那就不要罢休；有的问题不思考也就罢了，要思考就要有切身体会，如果不能获得什么体会，那就不要停止思考；有的事情不辨别也就罢了，要辨别就一定要把是非辨清，如果不能辨清，那就不要停止辨别；有的措施不实践也就罢了，要实践就一定要做好的，做它一百遍也一定能做好；别人十遍能做好的，我做它一千遍也一定能做好。一个人如果能够按照这个道理去做，那么即使是愚蠢的人，也一定会变得聪明；即使是柔弱的人，也一定会变得刚强。

作品解读

这段话介绍了学习的态度和方法，蕴含了实事求是的教学思想。"博学之，审问之，慎思之，明辨之，笃行之"说的是为学的几个层次，或者说是几个递进的阶段。"博学"强调为学首先要广泛地猎取，培养充沛而旺盛的好奇心。"审问"为第二阶段，有所不明就要追问到底，要对所学加以怀疑。问过以后还要通过自己的思想活动来仔细考察、分析，否则所学不能为自己所用，是为"慎思"。"明辨"为第四阶段，学是越辨越明的，不辨，则所谓"博学"就会鱼龙混杂，真伪难辨，良莠不分。"笃行"是为学的最后阶段，就是既然学有所得，就要努力践履所学，使所学最终有所落实，做到"知行合一"。"笃"有忠贞不渝，踏踏实实，一心一意，坚持不懈之意。只有有明确的目标、坚定的意志的人，才能真正做到"笃行"。

诵读篇目三　观书有感

诵读日期：_____

心得感悟：_____
_____

作者档案

朱熹(1130—1200),南宋著名的理学家、思想家、哲学家、教育家、诗人和闽学派的代表人物。世称朱子,是孔子、孟子以来最杰出的弘扬儒学的大师。承北宋周敦颐与"二程"学说,创立宋代研究哲理的学风,称为理学。

原作诵读

观书有感

〔宋〕朱熹

半亩方塘①一鉴②开,天光云影共徘徊③。

问渠④那得⑤清如许⑥? 为⑦有源头活水⑧来。

——选自《文学经典鉴赏·宋诗三百首》,上海辞书出版社文学鉴赏辞典编纂中心编,

上海辞书出版社,2021,第 261 页。

难点注释

①方塘:又称半亩塘,在福建尤溪城南郑义斋馆舍(后为南溪书院)内。

②鉴:一说为古代用来盛水或冰的青铜大盆;也有学者认为是镜子,指像鉴(镜子)一样可以照人。

③天光云影共徘徊:是说天的光和云的影子反映在塘水之中,不停地变动,犹如人在徘徊。徘徊,来回移动。

④渠:它,第三人称代词,这里指方塘之水。

⑤那得:怎么会。那,同"哪"。

⑥清如许:这样清澈。

⑦为:因为。

⑧源头活水:比喻知识是不断更新和发展的,从而不断积累,只有在学习中不断地学习、运用和探索,才能使自己永葆先进和活力,就像水源头一样。

古文今译

半亩大小的方形池塘里的水明净清澈得像一面打开的镜子,蓝天和白云的影子倒映在池面上,仿佛悠闲自在地来回走动。它怎么会这样清澈? 是因为发源处不断有活水流下来。

作品解读

《观书有感》是一首有哲理性的小诗。人们读完书后,时常有一种豁然开朗的感觉,诗中以象征的手法,将这种内心感觉化作可以感触的具体形象加以描绘,让读者自己去领略其中的奥妙。所谓"源头活水",当指从书中不断汲取新的知识。

诵读篇目四　荀子(节选)

诵读日期：_____

心得感悟：_____

_____

作品档案

　　《荀子》是战国时期荀子及其弟子整理或记录他人言行的著作，是战国后期儒家学派的重要著作。该书总结了当时学术界的百家争鸣和荀子自己的学术思想，反映了荀子的唯物主义自然观、认识论思想以及伦理、政治和经济思想。《荀子》一书今存《劝学》《修身》《成相》《赋》等三十二篇。

原作诵读

荀子·修身(节选)

　　道虽迩，不行不至；事虽小，不为不成。

荀子·儒效(节选)

　　不闻①不若闻之，闻之不若见之，见之不若知②之，知之不若行之。学至于行之而止矣。行之，明也，明之为圣人。圣人也者，本仁义，当是非，齐言行，不失豪厘，无它道③焉，已乎行之矣。故闻之而不见，虽博必谬④；见之而不知，虽识必妄⑤；知之而不行，虽敦⑥必困。不闻不见，则虽当，非仁也。其道百举而百陷也。

　　　　——选自《荀子》，荀况著，谢丹、书田译注，书海出版社，2001，第14、57—58页。

难点注释

①闻：听。

②知：领悟。

③道：道理、道德。

④谬：错误的，不合情理的。

⑤妄：荒诞、不合理。

⑥敦：厚道、笃厚。

古文今译

荀子·修身(节选)

　　路程即使很近，但不走就不能到达；事情即使很小，但不做就不能成功。

荀子·儒效(节选)

不听不如听到,听到不如亲眼看到,看到不如知道,知道了不如亲自实践。做到知行合一达到极致了。通过实践,就能明白事理;明白事理,就能成为圣人。圣人,把仁义作为根本,恰当地判断是非曲直,言行一致,丝毫不差,这并没有其他的窍门,就在于把学到的知识切实地付诸实践。所以听到而没有亲眼看到,即使听到的很多,也必定会出现错误,看见了却不知道,虽然记住了,也必有错误;知道了却不付诸实践,即使知识很多,也将会陷入困境。没有听见,也没有看见,即使做对了,也不是仁,把偶然当作根本方法来做事,这样做一百次就会失败一百次。

作品解读

从闭塞视听的"不闻"到能够了解到知识的"闻",再到亲眼所察的"见",发展到有所了解的"知",都不如能够亲身实践的"行"。这是认识世间万事万物的过程,需要一步一步来实现。完成小事是成就大事的第一步,伟大的成就总是跟随在一连串小的成功之后。如果只知道想而不付诸行动或者一天到晚找寻捷径,那么将永远无法成功。任何事情,任何目标,都是一步一步达至成功彼岸的。

诵读篇目五　冬夜读书示子聿

诵读日期:＿＿＿＿＿＿＿＿＿＿＿＿＿

心得感悟:＿＿＿＿＿＿＿＿＿＿＿＿＿＿＿＿＿＿＿＿＿＿

＿＿＿＿＿＿＿＿＿＿＿＿＿＿＿＿＿＿＿＿＿＿

作品档案

陆游是一个爱书之人,即使在冬日寒冷的夜晚,也沉醉书房乐此不疲地啃读诗书。宁宗庆元五年(1199年),他抑制不住心头奔腾踊跃的情感,毅然挥就了八首《冬夜读书示子聿》,满怀深情地送给最小的儿子子聿。本诗是流传千古的第三首,是一首哲理诗。

原作诵读

冬夜读书示①子聿②

[宋]陆游

古人学问③无遗力,少壮工夫老始成。

纸上得来终觉浅,绝知此事要躬行。

——选自《陆游诗词全鉴》,陆游著,东篱子解译,中国纺织出版社有限公司,2021,第68页。

难点注释

①示：训示、指示。

②子聿：陆游的小儿子。

③学问：指读书。

古文今译

古人学习知识是不遗余力的，终生为之奋斗，往往是年轻时开始努力，到了老年才取得成功。从书本上得到的知识终归是浅薄的，不能理解知识的真谛，要想真正理解书中的深刻道理，必须亲身去实践，方能学有所成。

作品解读

《冬夜读书示子聿》是一首七言绝句。首句赞扬古人刻苦做学问的精神，告诫孩子学业要毫无保留，全力以赴；次句强调了做学问的艰难；而后两句，诗人更进一步指出实践经验的重要性。这首诗以思想和哲理取胜，让人在理性思辨中受到教益，其蕴含着深刻哲理，表明直接经验和间接经验是人们获取知识的两种主要途径。全诗韵味悠长，意境深远，令人回味无穷，诵读起来朗朗上口，给人以无尽的启示和思考。

阅读随感

实践是掌握技能的最好方法。作为中职生，要把知识变成技能，再转变成职业能力，才能获得就业和发展的机遇。在这个转变的过程中或许将面对失败和不完美，但没有关系，只需谨记熟能生巧，一次不行就两次，两次不行就三次，一边练习，一边思考书本上学到的知识，让每次练习都比上一次有进步，这就是一种提升。相信自己，只要愿意行动，就一定能成功！

美 文 赏 读

赏读篇目一　山高路远

赏读日期：＿＿＿＿＿＿＿＿＿＿＿＿

心得感悟：＿＿＿＿＿＿＿＿＿＿＿＿＿＿＿＿＿＿＿＿＿＿＿＿＿＿＿
＿＿＿＿＿＿＿＿＿＿＿＿＿＿＿＿＿＿＿＿＿＿＿＿＿＿＿＿＿＿＿＿＿

《原文赏读》

山高路远

汪国真

呼喊是爆发的沉默

沉默是无声的召唤

不论激越

还是宁静

我祈求

只要不是平淡

如果远方呼喊我

我就走向远方

如果大山召唤我

我就走向大山

双脚磨破

干脆再让夕阳涂抹小路

双手划烂

索性就让荆棘变成杜鹃

没有比脚更长的路

没有比人更高的山

——选自《没有比脚更长的路，没有比人更高的山：汪国真诗歌自选集》，

汪国真著，山东文艺出版社，2020，第7页。

作品解读

《山高路远》堪称汪国真诗歌的代表作，这首诗抒发了一种进取执着、乐观自信的情感。诗歌的结尾画龙点睛：人生之路再长，追求者的脚步都能将它丈量；困难之山再高，奋进者的双脚都能将它攀登。诗歌激励着人们勤奋刻苦，奋发有为。

赏读篇目二 踔厉奋发 勇毅前行

赏读日期：_____

心得感悟：_____

_____

《原文赏读》

踔厉奋发　勇毅前行
——论深入学习贯彻党的二十大精神

党的第二十次全国代表大会是一次高举旗帜、凝聚力量、团结奋进的大会。这次大会深刻阐述了新时代10年的伟大变革及其里程碑意义，确定了到2035年我国发展的总体目标和未来5年的主要目标任务，对加强党的全面领导和推进新时代党的建设新的伟大工程作出了部署，为新时代新征程党和国家事业发展指明了前进方向、提供了根本遵循。

"高举中国特色社会主义伟大旗帜，全面贯彻新时代中国特色社会主义思想，弘扬伟大建党精神，自信自强、守正创新，踔厉奋发、勇毅前行，为全面建设社会主义现代化国家、全面推进中华民族伟大复兴而团结奋斗。"大会的主题是大会的灵魂，是党和国家事业发展的总纲，深刻昭示我们党在新征程上举什么旗、走什么路、以什么样的精神状态、朝着什么样的目标继续前进，对团结和激励全党全军全国各族人民为夺取新时代中国特色社会主义新胜利而奋斗，具有十分重大的意义。

新时代的伟大成就是党和人民一道拼出来、干出来、奋斗出来的！十年来，我们经历了对党和人民事业具有重大现实意义和深远历史意义的三件大事：一是迎来中国共产党成立一百周年；二是中国特色社会主义进入新时代；三是完成脱贫攻坚、全面建成小康社会的历史任务，实现第一个百年奋斗目标。这是中国共产党和中国人民团结奋斗赢得的历史性胜利，是彪炳中华民族发展史册的历史性胜利，也是对世界具有深远影响的历史性胜利。

展望未来，我们更加自信笃行。"从现在起，中国共产党的中心任务就是团结带领全国各族人民全面建成社会主义现代化强国、实现第二个百年奋斗目标，以中国式现代化全面推进中华民族伟大复兴。"在党的二十大上，习近平总书记宣示新时代新征程党的使命任务，发出了全面建设社会主义现代化国家、全面推进中华民族伟大复兴的动员令。

全面建设社会主义现代化国家寄托着中华民族的夙愿和期盼，凝结着中国人民的奋斗和汗水。中国式现代化是中国共产党和中国人民长期实践探索的成果，是一项伟大而艰巨的事业。惟其艰巨，所以伟大；惟其艰巨，更显荣光。为了这一事业，无数先辈筚路蓝缕、披荆斩棘，进行了艰苦卓绝的奋斗，我们心中永远铭记着他们的奉献和牺牲。

当前，世界百年未有之大变局加速演进，新一轮科技革命和产业变革深入发展，国际力量对比深刻调整，我国发展面临新的战略机遇。同时，世纪疫情影响深远，逆全球化思潮抬头，单边主义、保护主义明显上升，世界经济复苏乏力，局部冲突和动荡频发，全球性问题加剧，世界进入新的动荡变革期。时代呼唤我们自信自强、守正创新，踔厉奋发、勇毅前行。党员领导干部要率先垂范，带领全国各族人民，发扬斗争精神，增强斗争本领，着力夯实防风险、迎挑战、抗打压的实力，勇于面对各种风险挑战，勇于克服各种困难，坚定不移把党中央决策部署落到实处。

空谈误国，实干兴邦。让我们更加紧密地团结在以习近平同志为核心的党中央周围，坚定信心、同心同德，埋头苦干、奋勇前进，为全面建设社会主义现代化国家、全面推进中华民族伟大复兴而团结奋斗！

——选自《光明日报》，2022年10月29日第2版。

作品解读

　　只泛泛而谈地讨论国家大事、不联系实际解决问题,不能对国家的发展起到任何作用。只有脚踏实地、真抓实干,才能使国家兴旺发达。纸上谈兵不过是美梦一场,解决问题不只要有计划,更要将计划付诸实践。世界变局风云诡谲,更要做到踔厉奋发、勇毅前行,勇于面对各种风险挑战,勇于克服各种困难,为中国特色社会主义现代化建设而努力奋斗。

名句荟萃

1.空谈误国,实干兴邦。　　　　　　　　　　　　　　　　　　　　　　　——顾炎武

2.坐而言不如起而行。　　　　　　　　　　　　　　　　　　　　　　　　——《周礼》

3.相望几何驿,时许闻成谋。积诚泮群疑,实践激众媮。　　　　　　　　　——洪咨夔

4.暗潮已到无人会,只有篙师识水痕。　　　　　　　　　　　　　　　　　——杨万里

5.十年磨一剑。　　　　　　　　　　　　　　　　　　　　　　　　　　　　——贾岛

6.合抱之木,生于毫末;九层之台,起于累土;千里之行,始于足下。　　　——《道德经》

7.诗少古风惟近体,学惭实践漫虚谈。　　　　　　　　　　　　　　　　　——刘克庄

8.驾言各勇往,实践仍精思。　　　　　　　　　　　　　　　　　　　　　——程端蒙

9.好学近乎知,力行近乎仁,知耻近乎勇。　　　　　　　　　　　　　　　　——孔子

10.精体兮实践,见汝颜之瞠。　　　　　　　　　　　　　　　　　　　　　——章粲

11.自古圣贤之言学也,咸以躬行实践为先,识见言论次之。　　　　　　　　——林希元

12.学之之博,未若知之之要;知之之要,未若行之之实。　　　　　　　　　——朱熹

13.操千曲而后晓声,观千剑而后识器。　　　　　　　　　　　　　　　　　——刘勰

14.百闻不如一见。　　　　　　　　　　　　　　　　　　　　　　——《汉书·赵充国传》

15.读万卷书,行万里路。　　　　　　　　　　　　　　　　　　　　　　　——《画决》

16.只要功夫深,铁杵磨成针。　　　　　　　　　　　　　　　　　　　　　——祝穆

17.绳锯木断,水滴石穿。　　　　　　　　　　　　　　　　　　　　　　　——罗大经

18.日日行,不怕千万里;常常做,不怕千万事。　　　　　　　　　——《格言联璧·处事类》

19.行是知之始,知是行之成。　　　　　　　　　　　　　　　　　　　　　——王阳明

20.专读书也有弊病,所以必须和现实社会接触,使所读的书活起来。　　　　——鲁迅

21.一碗酸辣汤,耳闻口讲的,总不如亲自呷一口的明白。　　　　　　　　　——鲁迅

22.只有实践能克服经验的错误。　　　　　　　　　　　　　　　　　　　　——巴人

23.只有实际生活中可以学习,只有实际生活能教训人,只有实际生活能产生社会思想。　——瞿秋白

24.只有人们的社会实践,才是人们对于外界认识的真理性的标准。真理的标准只能是社会的实践。

　　　　　　　　　　　　　　　　　　　　　　　　　　　　　　　　　　——毛泽东

25.要有所行动,然后认识你自己。　　　　　　　　　　　　　　　　　　　——蒙田

26.一步实际行动比一打纲领更重要。　　　　　　　　　　　　　　　　　　——马克思

27.有力的理由造成有力的行动。　　　　　　　　　　　　　　　　　　　　——莎士比亚

28.我们的行动是唯一能够反映出我们精神面貌的镜子。　　　　　　　　　　——卡莱尔

29.有所作为是生活的最高境界。　　　　　　　　　　　　　　　　　　　　——恩格斯

30.判断一个人当然不是看他的声明,而是看他的行动,不是看他自称如何如何,而是看他做些什么和实

际上是怎样一个人。 　　　　　　　　　　　　　　　　　　　　　　　——恩格斯

31.我曾经听到过一句给一个青年的忠告:"永远做你不敢做的事情"。 　　——爱默生

32.我们生活在行动中,而不是生活在岁月里;我们生活在思想中,而不是生活在呼吸里。——菲·贝利

33.如果你不比别人干得更多,你的价值也就不会比别人更高。 　　　　　——塞万斯

34.荣誉要靠我们用行动去争取。 　　　　　　　　　　　　　　　　　　　——马洛

35.实践是检验真理的唯一标准。 　　　　　　　　　　　　　　　　　　　——毛泽东

⟨ 单元寄语 ⟩

　　博学、审问、慎思、明辨最后都要依靠笃行来落实,笃行是将理想转化为现实的关键。"笃行致远"不仅是古人智慧的结晶,更是在现代社会中人们实现个人价值和社会价值的重要法则。在快速变化的时代背景下,人们更需坚持"笃行致远"的理念,将所学所悟转化为实际行动,以实践检验真理,用行动书写未来。

　　长路漫漫,唯有上下求索。只要坚定地迈出步伐,理想便不再遥不可及。

主 题 单 元 十

敬业乐群——千锤成利器

单元导语

　　黄炎培先生曾借用中国传统典籍中的"敬业乐群"来概括其职业道德教育思想,他将"敬业乐群"看作是职业道德教育的一种规范。"敬业"即"对所习之职业具嗜好心,所任之事业具责任心","乐群"即"具优美和乐之情操及共同协作之精神"。

　　中职生作为未来社会的主要劳动者,要秉持"敬业乐群、无私奉献"的要义,树立正确的劳动观念,深入学习并贯彻工匠精神和劳模精神,为新时代中国特色社会主义的建设添砖加瓦。

经典诵读

诵读篇目一　蜂

诵读日期：＿＿＿＿＿＿＿＿＿＿＿＿＿

心得感悟：＿＿＿＿＿＿＿＿＿＿＿＿＿＿＿＿＿＿＿＿＿＿＿＿＿＿＿

＿＿＿＿＿＿＿＿＿＿＿＿＿＿＿＿＿＿＿＿＿＿＿＿＿＿＿＿＿

作者档案

罗隐(833—910)，字昭谏，新城(今浙江富阳)人，唐代诗人。罗隐性格孤傲，诗作多为讽喻诗，屡试不第，史称"十上不第"。著有《谗书》《太平两同书》等。

原作诵读

蜂

〔唐〕罗隐

不论平地与山尖①，无限风光尽被占。

采②得百花成蜜后，为谁辛苦为谁甜？

——选自《诗词文曲鉴赏·唐诗》，上海辞书出版社文学鉴赏辞典编纂中心编，

上海辞书出版社，2020，第294页。

难点注释

①山尖：山峰的顶端。

②采：采取，这里指采取花粉。

古文今译

无论是在平地，还是在山峰的顶端，极其美好的风景尽被蜜蜂占有。它们采尽百花酿成了花蜜，又是为谁付出辛苦，又想让谁品尝香甜呢？

作品解读

这是一首咏物诗，诗人通过描写蜜蜂不辞辛苦，飞到万花丛中采集花粉，最终酿得蜂蜜的自然现象，表

达了诗人对蜜蜂敬业精神的喜爱与赞美,歌颂了广大劳动人民辛勤劳作、无私奉献的精神。

诵读篇目二　左迁至蓝关示侄孙湘

诵读日期: _____

心得感悟: _____

_____

❖ 作者档案 ❖

　　韩愈(768—824),字退之,河南河阳(今河南孟州)人,一说怀州修武(今河南修武)人,世称"韩昌黎""昌黎先生"。唐代文学家、思想家、哲学家、政治家、教育家。韩愈作为唐代古文运动的倡导者,名列"唐宋八大家"之首,与柳宗元并称"韩柳"。著有《韩昌黎集》等。

❖ 原作诵读 ❖

左迁至蓝关示侄孙湘

〔唐〕韩愈

一封朝奏九重天①,夕贬潮州路八千②。

欲为圣明除弊事,肯将衰朽③惜残年④!

云横秦岭家何在?雪拥⑤蓝关马不前。

知汝远来应有意,好收吾骨瘴江⑥边。

——选自《诗词文曲鉴赏·唐诗》,上海辞书出版社文学鉴赏辞典编纂中心编,

上海辞书出版社,2020,第199页。

❖ 难点注释 ❖

①九重(chóng)天:古称天有九层,第九层最高,此指朝廷、皇帝。

②路八千:泛指路途遥远。八千,不是确数。

③衰朽(xiǔ):衰弱多病。

④惜残年:顾惜晚年的生命。

⑤拥:阻塞。

⑥瘴(zhàng)江:指岭南瘴气弥漫的江流。

古文今译

早晨我把一封谏书上奏给皇帝,晚上就被贬官到路途遥远的潮州。想替皇上除去有害的事,哪能因衰老就吝惜残余的生命。回头望长安,看到的只是浮云隔断的终南山,家又在哪里?立马蓝关,积雪拥塞,连马也踟蹰不前。我知你远道而来应知道我此去凶多吉少,正好在潮州瘴气弥漫的江流边把我的尸骨收清。

作品解读

这首诗风格悲壮,具有超凡的气概。诗人不因自己的苍老就安分守己、得过且过,而是时时想着为国分忧,直言进谏,即使因此获罪被贬也在所不惜,表达了诗人忠于国事、舍生忘死的精神。

诵读篇目三　庖丁解牛

诵读日期:_____

心得感悟:_____

作品档案

庖丁解牛的故事节选自《庄子·养生主》,题目是在选作课文时编者加的。《养生主》篇的主旨是探究养生之要的,并提出养生的方法莫过于顺应自然。《养生主》篇共分为三章,庖丁解牛为第二章,作者借这个故事比喻社会的复杂如同牛的筋骨盘结,处理世事当"因其固然""依乎天理",怀着"怵然为戒"的态度,以藏敛为自处之道。

原作诵读

庖丁解牛

庖丁①为文惠君②解牛,手之所触,肩之所倚,足之所履,膝之所踦③,砉然响然④,奏刀騞然⑤,莫不中音,合于《桑林》之舞,乃中《经首》之会⑥。

文惠君曰:"嘻,善哉!技盖⑦至此乎?"

庖丁释刀对曰:"臣之所好者道⑧也,进乎技矣。始臣之解牛之时,所见无非全牛者;三年之后,未尝见全牛也;方今之时,臣以神遇而不以目视,官知止而神欲⑨行。依乎天理,批大郤⑩,导大窾⑪,因其固然,技经肯綮之未尝⑫,而况大軱⑬乎!良庖岁更刀,割也;族庖⑭月更刀,折也;今臣之刀十九年矣,所解数千牛矣,而刀刃若新发于硎。彼节者有间,而刀刃者无厚,以无厚入有间,恢恢乎⑮其于游刃必有余地矣。是以十九年而刀刃若新发于硎。虽然，每至于族⑯，吾见其难为，怵然⑰为戒，视为止，行为迟。动刀甚微，謋⑱然已解，如土委地。提刀而立，为之四顾，为之踌躇满志，善⑲刀而藏之。"

　　文惠君曰："善哉！吾闻庖丁之言，得养生焉。"

——选自《庄子》，高竞艳译注，崇文书局，2023，第44页。

难点注释

①庖丁：名为"丁"的厨师。一说即厨师，"丁"指从事专门劳动的人。

②文惠君：梁惠王，战国时魏国国君。

③踦(yǐ)：抵住，指宰牛之时用膝盖抵住牛。

④砉(xū)然响然：砉砉作响。砉，拟声词，皮肉筋骨分离的声音。

⑤奏刀騞(huō)然：进刀时发出"騞"的声音。奏，进。騞，拟声词，插刀裂物的声音。

⑥会：节奏。

⑦盖：同"盍"，何，怎么。

⑧道：天道，自然的规律。

⑨神欲：精神活动。

⑩批大郤(xì)：击入大的（筋骨连接处的）缝隙。批，击。郤，同"隙"，空隙。

⑪导大窾(kuǎn)：引刀进入（骨节之间的）空处。导，引导，这里指引刀进入。窾，空隙。

⑫技经肯綮(qìng)之未尝：脉络相连和筋骨相结合的地方，不曾拿刀去尝试。意思是，用刀的技术高超，从不经过容易使刀口钝折的地方。技，指支脉。经，指经脉。肯，附在骨上的肉。綮，筋骨结合处。

⑬軱(gū)：大骨。

⑭族庖：一般的厨师。族，众。

⑮恢恢乎：宽绰的样子。

⑯族：（筋骨）交错聚结的地方。

⑰怵(chù)然：戒惧的样子。

⑱謋(huò)：拟声词，迅速裂开的声音。这里形容骨与肉分开的声音。

⑲善：这里指揩拭。

古文今译

　　庖丁为梁惠王宰牛，手所触及的地方，肩所倚着的地方，脚所踩到的地方，膝盖所抵住的地方，都发出砉砉响声，进刀时发出"騞"的声音，没有不合乎音律的。合乎《桑林》乐章的舞步，又合乎《经首》乐章的节奏。

　　梁惠王说："啊，好极了！技艺怎么达到这种地步的呢？"

　　庖丁放下刀回答道："我所爱好的是天道，已经超过技术了。我最初宰牛的时候，眼睛所看到的是浑然一体的牛。三年以后，未曾看到完整的牛了。到了现在，我只用心神来领会，而不用眼睛去看，器官的作用停止而只是心神在运用。顺着牛体的自然结构，击入大的筋骨连接处的缝隙，引刀进入骨节之间的空处，顺着牛体本来的结构宰牛，连经络相连的地方都没有一点妨碍，更何况那些大骨头呢！好的厨师一年更换一把刀，因为他们用刀割肉；一般的厨师一个月更换一把刀，因为他们用刀砍骨头。现在我的刀已经用过十九年了，所宰的牛有数千头了，而刀刃好像在磨刀石上新磨的一样锋利。那牛骨节之间有空隙，而刀刃没有厚度;以没有厚度的刀刃切入有空隙的骨节,当然是游刃恢恢而宽大有余了。所以这把刀用了十九年还像新磨的一样。虽然这样,每当碰到筋骨交错聚结的地方,我知道难以下手,就谨慎警惕,眼神专注,手脚放慢,轻轻地动刀,牛就哗啦解体了,好像泥土一样散落在地上,牛还不知道自己已经死了呢。这时,我提刀而立,张望四方,感到心满意足,然后把刀揩干净收藏起来。"

梁惠王说:"好啊!我听了庖丁的这番话,得到养生的道理了。"

作品解读

这篇文章是一则寓言故事,先讲述了庖丁是如何解牛的,接着梁惠王夸赞庖丁技艺精湛,并且问庖丁其技艺精湛的秘诀,庖丁解答了梁惠王的疑问,最后,梁惠王从庖丁的解答中悟出了养生的道理。在文章开头,作者用生动的语言把庖丁解牛的场景写得惟妙惟肖,让读者感受到庖丁神情之悠闲、动作之和谐、技艺之高超。

庖丁解牛的技艺出神入化,原因就在于他追求的是"道",而不仅仅是"技"。为了说明"道"高于"技",作者先讲解牛之初,庖丁所看见的是浑然一体的牛,与三年之后未曾看到完整的牛进行对比;之后又将普通厨师岁更刀、月更刀与庖丁用刀十九年而刀刃还像新磨的一样进行对比。庖丁凭其内在精神去感受牛体,顺应自然,按照牛的自然结构解牛,做到了"技"合于"道",解牛的技术也因此达到了炉火纯青的地步。

诵读篇目四 核舟记

诵读日期:_____

心得感悟:_____

_____

作者档案

魏学洢(yī)(约1596—1625),字子敬,嘉善(今浙江嘉兴)人,明末散文家。好学善文,一生未仕。其父为明代名臣魏大中,因弹劾权宦魏忠贤及其党羽,惨遭迫害,死在狱中。后魏学洢也被下狱,同年亦逝。著有《茅檐集》。

原作诵读

核舟记

[明]魏学洢

明有奇巧人①曰王叔远,能以径寸之木,为宫室、器皿、人物,以至鸟兽、木石,罔不因势象形②,各具情态。尝贻③余核舟一,盖大苏泛赤壁云。

舟首尾长约八分有奇④，高可二黍许⑤。中轩敞者为舱，篛篷⑥覆之。旁开小窗，左右各四，共八扇。启窗而观，雕栏相望焉。闭之，则右刻"山高月小，水落石出"，左刻"清风徐来，水波不兴"，石青糁⑦之。

船头坐三人，中峨冠⑧而多髯⑨者为东坡，佛印⑩居右，鲁直⑪居左。苏、黄共阅一手卷。东坡右手执卷端，左手抚鲁直背。鲁直左手执卷末，右手指卷，如有所语。东坡现右足，鲁直现左足，各微侧，其两膝相比⑫者，各隐卷底衣褶中。佛印绝类弥勒，袒胸露乳，矫首昂视，神情与苏、黄不属。卧右藤，诎⑬右臂支船，而竖其左膝，左臂挂念珠倚之，珠可历历数也。

舟尾横卧一楫。楫左右舟子⑭各一人。居右者椎髻⑮仰面，左手倚一衡木，右手攀右趾，若啸呼状。居左者右手执蒲葵扇，左手抚炉，炉上有壶，其人视端容寂，若听茶声然。

其船背稍夷，则题名其上，文曰"天启壬戌⑯秋日，虞山王毅叔远甫⑰刻"，细若蚊足，钩画了了，其色墨。又用篆章一，文曰"初平山人"，其色丹。

通计一舟，为人五；为窗八；为篛篷，为楫，为炉，为壶，为手卷，为念珠，各一；对联、题名并篆文，为字共三十有四。而计其长曾不盈寸。盖简桃核修狭者为之。

魏子详瞩既毕，诧曰：嘻，技亦灵怪矣哉！《庄》《列》所载，称惊犹鬼神者良多，然谁有游削于不寸之质，而须麋⑱了然者？假有人焉，举我言以复于我，亦必疑其诞。今乃亲睹之。由斯以观，棘刺之端未必不可为母猴也⑲。嘻，技亦灵怪矣哉！

——选自《诗词文曲鉴赏·古文》，上海辞书出版社文学鉴赏辞典编纂中心编，

上海辞书出版社，2020，第242—243页。

难点注释

①奇巧人：手艺奇妙精巧的人。

②罔不因势象形：全都是就着(材料原来的)样子刻成(各种事物的)形象。罔不，无不、全都。因，顺序、就着。象，模拟。

③贻：赠。

④有奇：有余，多一点儿。奇，零数、余数。

⑤高可二黍许：大约有两个黄米粒那么高。一说，古代一百粒黍排列起来的长度为一尺，因此一个黍粒的长度为一分，这里的"二黍许"即二分左右。

⑥篛(ruò)篷：用篛叶做的船篷。

⑦糁(sǎn)：用颜料等涂上。

⑧峨冠：高高的帽子。峨，高。

⑨髯(rán)：两腮的胡子，也泛指胡须。

⑩佛印：宋代名僧，苏轼的朋友。

⑪鲁直：宋代文学家黄庭坚，字鲁直，苏轼的朋友。

⑫相比：相互靠近。

⑬诎(qū)：同"屈"，弯曲。

⑭舟子：撑船的人。

⑮椎（chuí）髻：形状像椎的发髻。椎，敲击的器具，一端较大或呈球形。

⑯天启壬戌（rén xū）：天启二年，即公元1622年。天启，明熹宗朱由校的年号。

⑰虞山王毅叔远甫：常熟人王毅，字叔远。虞山，山名，在今江苏常熟西北，这里用来代指常熟。甫，男子美称，多附于字之后。

⑱须麋：同"领眉"，指胡须、眉毛。

⑲"棘刺"句：棘刺，酸枣树枝。据《韩非子·外储说左上》载，战国时燕王征召有巧术之人，一卫人夸口说他能在酸枣树枝的末梢雕刻母猴，受到厚遇，让他演示，他推托须待半年。后来，有人建议燕王令他出示雕刻工具，他交不出，遂借口逃遁。这里作者反其意而用之，认为只要有微雕绝技，在酸枣树枝的末梢雕刻母猴也未必不可能。

古文今译

明朝有个手艺奇妙精巧的人叫王叔远，他能够在直径为一寸（约3.3厘米）的木头上刻出宫殿、器具、人物及飞鸟、走兽、树木、石头，全都是就着材料原来的样子刻成各种事物的形象，各有各的神情姿态。他曾经赠我一个用桃核雕成的小船，刻的是苏东坡游赤壁的情景。

小船从头到尾长八分（约2.7厘米）多一点儿，高二分（约0.7厘米）左右。中间高起而宽敞的部分是船舱，用箬竹叶做的船篷覆盖着它。船舱旁边辟有小窗，左右各四扇，一共八扇。推开窗户来看，雕刻着花纹的栏杆左右相对。关上它，就可以看见右边刻着"山高月小，水落石出"，左边刻着"清风徐来，水波不兴"，用石青涂在刻着字的凹处。

核舟船头坐着三个人，中间戴着高高的帽子、长着浓密胡子的人是苏东坡，佛印坐在右边，黄鲁直坐在左边。苏东坡、黄鲁直共同看着一幅手卷。苏东坡的右手拿着手卷的右端，左手抚着鲁直的背脊。鲁直左手拿着手卷的左端，右手指着手卷，好像在说什么似的。苏东坡露出右脚，鲁直露出左脚，各自略微侧着身子，他们互相靠近的两膝隐藏在手卷下边的衣褶里。佛印极像弥勒佛，敞胸露怀，抬头仰望，神情跟苏、黄二人不相类似。他平放着右膝，弯曲右臂支撑在船上，而竖起他的左膝，左臂挂着的念珠挨着左膝，念珠可以清清楚楚地数出来。

船尾横放着一支桨。桨的左右各有一名船工。右边的船工梳着形状像椎的发髻，仰着脸，左手靠着一根横木，右手扳着右脚趾，好像在大声喊叫的样子。左边的船工右手握着蒲葵扇，左手抚着茶炉，炉上有个壶，那个人的眼睛正看着茶炉，神色平静，好像在听茶水烧开了没有的样子。

那只船的顶部较平，就在上面题名，文字是"天启壬戌秋日，虞山王毅叔远甫刻。"字迹像蚊子的脚一样细小，笔画清楚明白，它的颜色是黑的。还刻着篆书的图章一枚，文字是"初平山人"。它的颜色是红的。

总计在一条船上，刻了五个人，八扇窗，船篷、船桨、炉子、茶壶、手卷、念珠各一件；对联、题名和篆文，刻的字共有三十四个。可是计算它的长度竟不满一寸。这原是挑选长而窄的桃核刻成的。

魏子仔细地看了这只核舟后，惊叹道：嘻，技艺也真是神奇啊！《庄子》《列子》书中所记载的能工巧匠，被誉为鬼斧神工的事情很多，可是有谁在不到一寸的材料上运刀自如地进行雕刻，而又能刻得胡须眉毛都清清楚楚的？如果有那么一个人，拿我的话来告诉我，我也一定会怀疑他在说谎。可现在这却是我亲眼目睹的事实。从这件作品来看，在棘木刺的尖端，未必不能雕刻出母猴来。嘻，技艺也真是神奇啊！

作品解读

这篇文章可分为三个部分。第一段为第一部分，作者介绍了王叔远在雕刻艺术上的卓越成就，并点明了"核舟"的主题。第二段至五段为第二部分，作者详细介绍了核舟的结构和舟上的情景。核舟本来很小，上面却有一个看起来宽敞的船舱，船上的人物和细节刻画得栩栩如生，不禁让人感叹核舟的精巧和雕刻者高超的技艺。第六段为第三部分，作者列举了核舟上所刻的人、物、字，概括全文并赞颂了王叔远的雕刻技术。

王叔远以《赤壁赋》作为核舟雕刻艺术的素材，生动地再现了苏东坡《赤壁赋》的主题和意境，从核舟中也能感受到王叔远的审美情趣和对艺术创作一丝不苟的精神。文章描写细致，层次分明，富于想象，文字精练简洁，作者对事物的细致观察和准确刻画能够使读者深深感受到核舟的艺术魅力。

美 文 赏 读

赏读篇目一　以工匠精神雕琢时代品质

赏读日期：＿＿＿＿＿＿＿＿＿＿＿＿＿＿＿＿＿＿＿＿＿＿

心得感悟：＿＿＿＿＿＿＿＿＿＿＿＿＿＿＿＿＿＿＿＿＿＿＿＿

＿＿＿＿＿＿＿＿＿＿＿＿＿＿＿＿＿＿＿＿＿＿＿＿＿＿＿＿＿＿

◆ 作者档案 ◆

李斌(1972—)，毕业于武汉大学，现任新华社北京分社副社长、总编辑。曾获 2010 年"新华社十佳记者""全国抗震救灾模范""全国优秀科技工作者""北京市西城区'百名英才'"等荣誉称号。独著《二探北极》，合著《2004 科技中国》《你还是你吗？——人类基因组报告》等，主编《极度调查：告诉你一个"立体中国"》《北京秘密：你不知道的"全域文化"之城》等。

◆ 原文赏读 ◆

以工匠精神雕琢时代品质

李斌

今天，我们迎来了一个更加注重精细品质和独特体验的时代。"我是真的希望工匠精神可以变成我的墓志铭。"不久前，一位生产智能电器的企业家如是感慨。企业对高精尖、炫彩酷的不懈追求，同工匠精神不谋而合。只有像手工匠人一样雕琢技艺、打造产品，企业才有金字招牌，产品才能经受住用户最挑剔眼光的检验。

《说文》①里讲:"匠,木工也。"今天的"匠",已成为心思巧妙、技艺精湛、造诣高深的代名词。职业没有高低贵贱之分,但人有职业品质、专业精神的差别。工匠精神厚植的企业,一定是一个气质雍容、活力涌流的企业。崇尚工匠精神的国家,一定是一个拥有健康市场环境和深厚人文素养的国家。"将产品当成艺术,将质量视为生命",正是这样的极致追求,将我们带往一个更为不凡的世界。

一盏孤灯一刻刀,一柄标尺一把锉,构成一个匠人的全部世界。别人可能觉得他们同世界脱节,但方寸之间他们实实在在地改变着世界:不仅赋予了器物以生命,更刷新着社会的审美追求,扩充着人类文明的疆域。工匠精神从来都不是什么雕虫小技,而是一种改变世界的现实力量。坚守工匠精神,并不是把"拜手工教"推上神坛,也不是鼓励离群索居、"躲进小楼成一统②",而是为了擦亮爱岗敬业、劳动光荣的价值原色,倡导质量至上、品质取胜的市场风尚,展现创新引领、追求卓越的时代精神,为中国制造强筋健骨,为中国文化立根固本,为中国力量凝神铸魂。

将一门技术掌握到炉火纯青,这固然是工匠精神,但工匠精神的内涵又远不限于此。有人说:"没有一流的心性,就没有一流的技术。"的确,倘若没有发自肺腑、专心如一的热爱,怎能有废寝忘食、尽心竭力的付出;没有臻于至善、超今冠古的追求,怎能有出类拔萃、巧夺天工的卓越;没有冰心一片、物我两忘的境界,怎能有雷打不动、脚踏实地的笃实。工匠精神中所深藏的,有格物致知、正心诚意的生命哲学,也有技进乎道、超然达观的人生信念。从赞叹工匠继而推崇工匠精神,见证着社会对浮躁风气、短视心态的自我疗治,对美好器物、超凡品质的主动探寻。我们不必人人成为工匠,却可以人人成为工匠精神的践行者。

一个时代有一个时代的气质,我们的时代将以怎样的面貌被书写,取决于我们每个人的表现。工匠精神是手艺人的安身之本,亦是我们生命的尊严所在;是企业的金色名片,亦是社会品格、国家形象的荣耀写照。工匠精神并不以成功为旨归,却足以为成功铺就通天大道。

——选自《人民日报》,2020年12月25日第5版。

难点注释

①《说文》:《说文解字》,东汉许慎编著的中国第一部系统地分析汉字字形结构和考究字源的字书,也是世界最古的字书之一。

②躲进小楼成一统:出自鲁迅《自嘲》,原文为"躲进小楼成一统,管他冬夏与春秋。"

作品解读

这是一篇新闻评论,共有五个自然段。在第一自然段中,作者指出时代需要工匠精神;在第二至第三自然段中,作者描写了工匠精神的价值;在第四自然段中,作者描写了工匠精神的内涵;在最后一个自然段中,作者呼吁人们践行工匠精神。

文章观点鲜明,持论严正,既批评了社会上存在的浮躁风气和短视心态,也澄清了人们对工匠精神的一些误解,可以端正人们对劳动和职业的认识,激发其追求卓越的新动力,具有很强的现实意义。

赏读篇目二　敬业与乐业

赏读日期：＿＿＿＿＿＿＿＿＿＿＿＿＿＿＿＿＿

心得感悟：＿＿＿＿＿＿＿＿＿＿＿＿＿＿＿＿＿

＿＿＿＿＿＿＿＿＿＿＿＿＿＿＿＿＿＿＿＿＿＿＿

《原作诵读》

敬业与乐业

梁启超

我这题目，是把《礼记》里头"敬业乐群"和《老子》里头"安其居，乐其业"那两句话，断章取义造出来的。我所说是否与《礼记》《老子》原意相合，不必深求；但我确信"敬业乐业"四个字，是人类生活的不二法门。本题主眼[①]，自然是在"敬"字、"乐"字。但必先有业，才有可敬、可乐的主体，理至易明。所以在讲演正文以前，先要说说有业之必要。

孔子说："饱食终日，无所用心，难矣哉！"又说："群居终日，言不及义，好行小慧，难矣哉！"孔子是一位教育大家，他心目中没有什么人不可教诲，独独对于这两种人便摇头叹气说道："难！难！"可见人生一切毛病都有药可医，惟有无业游民，虽大圣人碰着他，也没有办法。

唐朝有一位名僧百丈禅师，他常常用两句格言教训弟子，说道："一日不做事，一日不吃饭。"他每日除上堂说法之外，还要自己扫地、擦桌子、洗衣服，直到八十岁，日日如此。有一回，他的门生想替他服劳，把他本日应做的工悄悄地都做了，这位言行相顾的老禅师，老实不客气，那一天便绝对的不肯吃饭。

我征引儒门、佛门这两段话，不外证明人人都要有正当职业，人人都要不断的劳作。倘若有人问我："百行什么为先？万恶什么为首？"我便一点不迟疑答道："百行业为先；万恶懒为首。"没有职业的懒人，简直是社会上的蛀米虫，简直是"掠夺别人勤劳结果"的盗贼。我们对于这种人，是要彻底讨伐，万不能容赦的。有人说："我并不是不想找职业，无奈找不出来。"我说：职业难找，原是现代全世界普通现象，我也承认。这种现象应该如何救济，别是一个问题，今日不必讨论，但以中国现在情形论，找职业的机会，依然比别国多得多；一个精力充满的壮年人，倘若不是安心躲懒，我敢信他一定能得相当职业。今日所讲，专为现在有职业及现在正做职业上预备的人——学生——说法[②]，告诉他们对于自己现有的职业应采何种态度。

第一要敬业。敬字为古圣贤教人做人最简易、直捷的法门，可惜被后来有些人说得太精微，倒变了不适实用了。唯有朱子[③]解得最好，他说："主一无适[④]便是敬。"用现在的话讲，凡做一件事，便忠于一件事，将全副精力集中到这事上头，一点不旁骛[⑤]，便是敬。业有什么可敬呢？为什么该敬呢？

人类一面为生活而劳动，一面也是为劳动而生活。人类既不是上帝特地制来充当消化面包的机器，自然该各人因自己的地位和才力，认定一件事去做。凡可以名为一件事的，其性质都是可敬。当大总统是一件事，拉黄包车也是一件事。事的名称，从俗人眼里看来，有高下；事的性质，从学理上解剖起来，并没有高下。只要当大总统的人信得过我可以当大总统才去当，实实在在把总统当作一件正经事来做；拉黄包车的人信得过我可以拉黄包车才去拉，实实在在把拉车当作一件正经事来做，便是人生合理的生活。这叫作职业的神圣。凡职业没有不是神圣的，所以凡职业没有不是可敬的。唯其如此，所以我们对于各种职业，没有什么分别拣择。总之，人生在世，是要天天劳作的。劳作便是功德，不劳作便是罪恶。至于我该做哪一种劳作呢，全看我的才能如何，境地如何。因自己的才能、境地，做一种劳作做到圆满，便是天地间第一等人。

怎样才能把一种劳作做到圆满呢？唯一的秘诀就是忠实，忠实从心理上发出来的便是敬。庄子记佝偻丈人承蜩⑥的故事，说道："虽天地之大，万物之多，而唯吾蜩翼之知。"凡做一件事，便把这件事看作我的生命，无论别的什么好处，到底不肯牺牲我现做的事来和他交换。我信得过我当木匠的做成一张好桌子，和你们当政治家的建设成一个共和国家同一价值；我信得过我当挑粪的把马桶收拾得干净，和你们当军人的打胜一支压境的敌军同一价值。大家同是替社会做事，你不必羡慕我，我不必羡慕你。怕的是我这件事做得不妥当，便对不起这一天里头所吃的饭。所以我做这事的时候，丝毫不肯分心到事外。曾文正说："坐这山，望那山，一事无成。"我从前看见一位法国学者著的书，比较英法两国国民性质，他说："到英国人公事房里头，只看见他们衔着烟卷像在那里出神。英国人走路，眼注地上，像用全副精神注在走路上；法国人走路，总是东张西望，像不把走路当一回事。"这些话比较得是否确切，姑且不论；但很可以为敬业两个字下注脚。若果如他所说，英国人便是敬，法国人便是不敬。一个人对于自己的职业不敬，从学理方面说，便是亵渎职业之神圣；从事实方面说，一定把事情做糟了，结果自己害自己。所以敬业主义，于人生最为必要，又于人生最为有利。庄子说："用志不纷，乃凝于神。"孔子说："素其位而行，不愿乎其外⑦。"所说的敬业，不外这些道理。

第二要乐业。"做工好苦呀！"这种叹气的声音，无论何人都会常在口边流露出来。但我要问他："做工苦，难道不做工就不苦吗？"今日大热天气，我在这里喊破喉咙来讲，诸君扯直耳朵来听，有些人看着我们好苦；翻过来，倘若我们去赌钱、去吃酒，还不是一样在淘神、费力？难道又不苦？须知苦乐全在主观的心，不在客观的事。人生从出胎的那一秒钟起到咽气的那一秒钟止，除了睡觉以外，总不能把四肢、五官都搁起不用。只要一用，不是淘神，便是费力，劳苦总是免不掉的。会打算盘的人只有从劳苦中找出快乐来。我想天下第一等苦人，莫过于无业游民，终日闲游浪荡，不知把自己的身子和心子摆在哪里才好，他们的日子真难过。第二等苦人，便是厌恶自己本业的人，这件事分明不能不做，却满肚子里不愿意做。不愿意做逃得了吗？到底不能。结果还是皱着眉头、哭丧着脸去做。这不是专门自己替自己开玩笑吗？

我老实告诉你一句话："凡职业都是有趣味的，只要你肯继续做下去，趣味自然会发生。"为什么呢？第一，因为凡一件职业，总有许多层累、曲折，倘能身入其中，看它变化、进展的状态，最为亲切有味。第二，因为每一职业之成就，离不了奋斗；一步一步地奋斗前去，从刻苦中得快乐，快乐的分量加增。第三，职业性质，常常要和同业的人比较骈进⑧，好像赛球一般，因竞胜而得快感。第四，专心做一职业时，把许多游思、妄想杜绝了，省却无限闲烦恼。孔子说："知之者不如好之者，好之者不如乐之者。"人生能从自己职业中领略出趣味，生活才有价值。孔子自述生平，说道："其为人也，发愤忘食，乐以忘忧，不知老之将至云尔。"这种生活，真算得人类理想的生活了。

我生平最受用的有两句话：一是"责任心"，二是"趣味"。我自己常常力求这两句话之实现与调和，常常把这两句话向我的朋友强聒不舍⑨。今天所讲，敬业即是责任心，乐业即是趣味。我深信人类合理的生活应该如此，我望诸君和我一同受用！

——选自《少年中国说：梁启超杂文经典》，梁启超著，

吉林出版集团股份有限公司，2017，第209—213页。

难点注释

①主眼：重点，主旨。

②说法：说教，讲道理。

③朱子：朱熹。

④主一无适：专一于某种工作而不旁及其他事情。

⑤旁骛：分心于正业以外，不专心。

⑥佝偻（gōu lóu）丈人承蜩（tiáo）：出自《庄子·达生》。一位驼背老人，用竹竿粘蝉从不失手。孔子问他有什么办法，他说天地虽大，万物虽多，他的注意力只集中在蝉翼上。佝偻，脊背弯曲。丈人，对老人的尊称。承，（用竿）取物。蜩，蝉。

⑦素其位而行，不愿乎其外：出自《礼记·中庸》，意思是安于现在所处的位置，做好分内的事，不企求本分外的事。

⑧骈（pián）进：并排前进。

⑨强聒不舍：唠唠叨叨说个没完。聒，声音嘈杂，使人厌烦。

作品解读

本文是作者1922年8月14日在上海中华职业学校的演讲词。在演讲中，作者开宗明义，通过引用《礼记》和《老子》中的话，提出中心论点——"敬业乐业"是人类生活的不二法门。然而，敬业乐业的前提是有业，作者引用孔子和百丈禅师的故事，强调有业是必须的，人人都要有业，都要劳作。接着，作者又回归主题，分别谈论了敬业和乐业的重要性。

在论证敬业时，作者先引用朱熹的名言解释何为敬业，然后提出"业有什么可敬呢？""为什么该敬呢？"这两个问题，接着通过举例回答了这两个问题并论证了"凡职业没有不神圣的，凡职业没有不可敬的"道理，最后以一个设问句强调"敬业主义"的必要性与有利性。

在论证乐业时，作者从人们发出"做工好苦呀"的叹气声中谈起，指出人生在世，做任何事情都要淘神费力；对于无法逃避的事，与其皱着眉头，哭丧着脸去做，不如在工作中寻找乐趣。作者认为凡职业都是有趣味的，并列出了四个理由，引起听众的共鸣。演讲的最后，作者言简意赅，把敬业和乐业总结为责任心和趣味，并提出期望，自勉勉人。

作者在演讲时多用简明的短句和口语话的语言，在引用古代文句时，也注重化深为浅，语言通俗易懂，恳切动人。此外，作者引用了大量的典型材料，如生活事例、典籍记载、自身实践等，材料翔实，说理透彻，令人信服。

名句荟萃

1.春蚕到死丝方尽,蜡炬成灰泪始干。 ——李商隐

2.出师未捷身先死,长使英雄泪满襟。 ——杜甫

3.随风潜入夜,润物细无声。 ——杜甫

4.鞠躬尽瘁,死而后已。 ——诸葛亮

5.知者必量其力所能至而从事焉。 ——墨子

6.功崇惟志,业广惟勤。 ——《尚书》

7.一息尚存,此志不懈。 ——胡居仁

8.横眉冷对千夫指,俯首甘为孺子牛。 ——鲁迅

9.凡事都要脚踏实地去做,不驰于空想,不骛于虚声,而惟以求真的态度作踏实的工夫。 ——李大钊

10.我觉得人生求乐的方法,最好莫过于尊重劳动。一切乐境,都可由劳动得来;一切苦境,都可由劳动解脱。 ——李大钊

11.只有能够鼓足干劲工作,并懂得什么是汗水和疲劳的人,才会理解欢乐的感情。 ——苏霍姆林斯基

12.工作是生命的真正的精髓所在,最忙碌的人正是最快活的人。 ——提奥多·马丁

13.一个人如果对自己的职业坚信不移,不心怀二志,他的心里就只知道有这个职业,只承认这个职业,也只尊重这个职业。 ——托马斯·曼

14.不论从事哪种职业,走向成功的第一步,就是必须对这种职业感兴趣。 ——欧斯拉

15.人生在世是短暂的,对这短暂的人生,我们最好的报答就是工作。 ——爱迪生

16.点燃蜡烛照亮他人者,也不会给自己带来黑暗。 ——杰弗逊

17.职业是天然的医生,对人类的幸福来说是根本性的。 ——克劳狄安

18.从工作里爱生命,就是通彻了生命最深的秘密。 ——纪伯伦

19.抱着一颗正直的心,专心致志干事业的人,他一定会完成许多事业。 ——赫尔岑

20.不要把工作当成义务,要当作权利。 ——池田大作

21.世界上没有卑贱的职业,只有卑贱的人。 ——林肯

22.现代人最大的缺点,是对自己的职业缺乏爱心。 ——罗丹

23.我们应当在不同的岗位上,随时奉献自己。 ——海塞

24.我唯一的希望是能够多做贡献。 ——白求恩

25.我不配做一盏灯,那么就让我做一块木柴吧! ——巴金

26.捧着一颗心来,不带半棵草去。 ——陶行知

27.如果你能成功地选择劳动,并把自己的全部精力灌注到它里面去,那么幸福本身就会找到你。 ——乌申斯基

28.要把敬业乐业当作做人的根本,当作做人的灵魂。 ——马克·吐温

29.我知道什么是劳动:劳动是世界上一切欢乐和一切美好事情的源泉。 ——高尔基

30.我们世界上最美好的东西,都是由劳动、由人的聪明的手创造出来的。 ——高尔基

31.一切都靠一张嘴来做而丝毫不实干的人,是虚伪和假仁假义的。 ——德谟克利特

32.在人的生活中,最主要的是劳动训练,没有劳动就不可能有正常人的生活。 ——卢梭

33.懒惰像生锈一样,比操劳更能消耗身体;经常用的钥匙,总是亮闪闪的。 ——富兰克林

34.如果你做某事,那就把它做好。如果你不会或不愿做它,那最好不要去做。 ——列夫·托尔斯泰

单元寄语

　　敬业精神是人们基于对一件事情、一种职业的热爱而产生的一种全身心投入的精神，是社会对人们工作态度的一种道德要求。它的核心是无私奉献的意识。低层次的即功利性的敬业，由外在压力产生；高层次的即发自内心的敬业，是将职业当作事业来对待的。中职生要贯彻敬业精神，追求崇高的职业理想，养成认真踏实、恪尽职守、精益求精的工作态度，力求干一行、爱一行、专一行，努力提高自己的劳动素养，争做一名合格的爱岗敬业者！

参 考 文 献

[1]张扬,李桂阳.中职生晨读暮写[M].北京:中国人口出版社,2022.

[2]王利,余军奇,古义权.中职生经典晨读[M].长沙:湖南科学技术出版社,2020.

[3]苏宪国,龙菲.成乐、兴诗、立礼[M].北京:企业管理出版社,2020.

[4]彭芸.中职生晨读与人生[M].长春:吉林出版集团股份有限公司,2020.

[5]刘君宇.经典诗文诵读与训练[M].南宁:广西教育出版社,2017.

[6]程彬,张骞.晨读时光[M].修订版.北京:高等教育出版社,2017.

[7]汤克勤.古文鉴赏辞典[M].2版.武汉:崇文书局,2020.

[8]韦志军,徐健.中职生中华传统文化综合经典传承教育读本[M].北京:现代教育出版社,2017.

[9]钟基,李先银,王身钢.古文观止[M].北京:中华书局,2011.

[10]王鍾陵.唐宋词鉴赏[M].4版.成都:四川辞书出版社,2022.

[11]王建忠.陆游诗词赏析[M].北京:商务印书馆国际有限公司,2022.

[12]朱向前.歌未竟,东方白:毛泽东诗词25首精赏[M].北京:东方出版社,2021.

[13]曹植.曹植集校注[M].赵幼文,校注.北京:中华书局,2018.

[14]上海辞书出版社文学鉴赏辞典编纂中心.文学经典鉴赏[M].上海:上海辞书出版社,2021.

[15]上海辞书出版社专科辞典编纂出版中心.老庄名篇鉴赏辞典[M].上海:上海辞书出版社,2016.

[16]上海辞书出版社文学鉴赏辞典编纂中心.诗词文曲鉴赏[M].上海:上海辞书出版社,2020.